# LE VIGNÓLE

## DES ARCHITECTES

ET

### DES ÉLÈVES EN ARCHITECTURE.

DE L'IMPRIMERIE DE PILLET AÎNÉ,
rue des Grands-Augustins, n. 7.

# LE VIGNOLE

# DES ARCHITECTES

ET

## DES ÉLÈVES EN ARCHITECTURE,

OU

NOUVELLE TRADUCTION

## DES RÈGLES DES CINQ ORDRES D'ARCHITECTURE

### DE JACQUES BARROZZIO DE VIGNOLE,

AUGMENTÉE DE REMARQUES SERVANT A DÉVELOPPER PLUSIEURS PARTIES DE DÉTAILS
TROP SUCCINCTS DANS LE TEXTE ORIGINAL;

*suivie*

D'UNE MÉTHODE ABRÉGÉE DU TRACÉ DES OMBRES DANS L'ARCHITECTURE.

## PAR CHARLES NORMAND,

ARCHITECTE, ANCIEN PENSIONNAIRE A L'ACADÉMIE DE FRANCE A ROME,

AUTEUR DU *RECUEIL VARIÉ DE PLANS ET DE FAÇADES*, DU *NOUVEAU PARALLÈLE DES ORDRES D'ARCHITECTURE GRECS, ROMAINS, AVEC LES AUTEURS MODERNES, DU VIGNOLE DES OUVRIERS ET DU GUIDE DE L'ORNEMANISTE.*

OUVRAGE COMPOSÉ DE 36 PLANCHES GRAVÉES AU TRAIT POUR LE VIGNOLE,
ET DE 6 PLANCHES OMBRÉES POUR LE TRACÉ DES OMBRES DANS L'ARCHITECTURE.

## A PARIS,

CHEZ
NORMAND AINÉ, RUE SAINT-JACQUES, N° 38;
PILLET AINÉ, IMPRIMEUR-LIBRAIRE, RUE DES GRANDS-AUGUSTINS, N° 7;
CARILIAN-GŒURY, LIBRAIRE, QUAI DES AUGUSTINS, N° 39 ET 41;
BANCE AINÉ, MARCHAND D'ESTAMPES, RUE SAINT-DENIS, N° 214.
RORET, libraire, rue Hautefeuille, n° 10 *bis*.

### 1842.

*James Whitehurst* ha pur esso costrutto un Cronometro simile a quello del Prof. *Poleni*, tale cioè che mediante tre diverse sfere segnava i minuti primi, secondi e terzi; ma che andando soggetto agli stessi inconvenienti del Poleniano non occorre parlarne di vantaggio.

Il sopra lodato Prof. *Poleni* ha del pari immaginato un Cronometro con cui potè eseguire gli esperimenti relativi alla discesa verticale dei gravi, e determinare i tempi, che impiegano a descrivere degli spazj dati mediante l'efflusso del mercurio. Questa maniera di misurare le minute frazioni del secondo dal nostro Matematico immaginata riscosse gli encomj dall' ab. *Nollet*, che ne vide il meccanismo allorchè nel suo viaggio d'Italia fu a visitare questa R. Università. L'apparato per eseguire gli accennati esperimenti esiste in questo Gabinetto di Fisica sperimentale, nè fù mai reso pubblico dal suo autore: e giacchè me ne vien fatta frequente ricerca, e fui più di una volta eccitato a farlo noto al pubblico, colgo questa occasione di pubblicarlo. Nè certamente, pubblicando io i miei tentativi per ottenere colla maggior possibile esattezza le più minute frazioni del secondo, non è fuori di proposito dar a conoscere quanto si è fatto dagli altri su tale argomento: tanto più che il metodo

---

*tolommeo Ferracino*, ed esiste in questo Reg. Gabinetto di Fisica sperimentale.

B

di misurare il tempo escogitato dal Prof. *Poleni*, quantunque sia figlio di quello del *Galileo*, nè sia, come appresso dimostrerò, di tutta quella esattezza che si desidera, ha nondimeno la sua originalità, ed è tanto ingegnoso, che merita di essere conosciuto.

*Descrizione dell' apparato immaginato dal Prof. Poleni per misurare il tempo impiegato da un grave, nella sua caduta verticale, col mezzo dell' efflusso del mercurio.*

La *Fig. I.* ( *Tav. I.* ) rappresenta tutto l' apparato veduto in prospettiva. ABCD è un piano di legno rettangolare, chiuso tutto all' intorno da una cornice, e posto orizzontalmente sopra un telajo munito di quattro piedi EFGH. Nel mezzo del detto piano evvi incassata una vaschetta di ferro *abcd* con un forellino nel centro segnato *e*. Accanto della vaschetta vi è scavato nella grossezza della tavola un emisfero, che finisce pur esso in un forellino *i*, talchè vi possa passare liberamente e facilmente un filo di seta per l'uso che più sotto verrò indicando.

Sul medesimo piano di legno, e presso il lato *a d* della vaschetta, sta piantato verticalmente uno stante di ferro O*p*, munito di due viti di pressione M, N. Dallo stante sporgono due lamine Q*g*, L*f*, pur di ferro, le quali vengono ad essere parallele tra loro, ed al sottoposto piano di legno. La lamina Q*g*

ha un foro in *g*, e l' altra lamina **L***f* ne ha uno
in *f*.

La vasca *a b c d* si deve riempire di mercurio; ed
acciocchè non esca pel forellino *e* si chiude al di sotto della tavola con un globo di ferro mezzo ricoper-
to di pelle. Ma qui pria di mostrar l'uso delle varie
parti di questa macchina, parmi necessario avvertire,
come a rendere più manifesto l'ingegnoso artifizio di
questa macchina del nostro *Poleni*, e a farne più facilmente scorgere tutto ciò che ritrovasi al di sotto
della tavola orizzontale, ne ho fatto disegnare la se-
zione per lungo, come sta nella *Fig. II*. Essa ci mo-
stra appunto la metà dell'intero apparato, e insieme
tutto quello, che vi è tanto sopra quanto sotto la tavola ABGD. Ciò posto, ecco in qual maniera si deb-
bono porre le cose in ordine per eseguire l'accennato esperimento.

S'incominci dal chiudere il pertugio *e* della piccola vasca. A tale oggetto si adopera, come abbiam detto pur ora, un globo di ferro *c* mezzo coperto di
pelle, come facilmente scorgesi nella *Fig. II*. Questo
globo è forato per l'asse *c e*, cosicchè mediante un
ago si può far entrare un filo di seta per *c*, e farlo
attraversare pria tutto il globo, indi il forellino della
vaschetta. Ed acciocchè il filo non esca dal globo,
nè possa il globo abbandonato cadere, si fa un nodo
all' estremità della seta, e pria di far passare l'ago
pel globo, s'infila un pezzettino di pelle, e poi si
trapassa il globo, ed il pertugio *e*: indi stirando ben

2

bene la seta, si fa che il globo colla parte ricoperta di pelle chiuda il foro *e* per modo che il mercurio non esca dalla vaschetta. Il filo poscia si fa passare pel foro *g* della lamina Q*g* (*Fig. I.*) indi pel foro *f* della lamina L*f*, e si ferma colla vite di pressione N, che nell'atto di tenerlo ben bene stirato lo preme; e in tale maniera il globo impedisce l'uscita al mercurio. Ma perchè il globo *c*, rompendosi il filo di seta, non cada al suolo; esso è munito di un anello, a cui sta attaccato il capo di un cordoncino, che all'altro capo tien legata una sbarretta di ferro *y* (*Fig. I.*). Passata la sbarra per un'apertura bislunga *x*, fatta nella tavola accanto della vaschetta contenente il mercurio, s'incrocicchia la sbarra sopra all'apertura; e per tal guisa, rotto o tagliato, come dovrà farsi, il filo di seta, resterà la piccola sfera al cordoncino sospesa.

Or prendasi una seconda sfera di ferro R (*Fig. II.*) munita di un anello parimenti di ferro, al quale si lega un cordone piuttosto forte di data lunghezza. Allo stesso anello, cui è attaccato il cordone, si lega un filo di seta, che si fa passare pel foro *i* dal di sotto al di sopra della tavola; indi s'infilano i due pertugi *g, f* (*Fig. I.*) e facendolo quindi passare sotto la vite M lo si comprime talmente, che la sfera rimanga sospesa, come scorgesi nella *Fig. II.* L'altro capo del cordone ch'è attaccato al globo R. passa per la gola della girella Q posta al di sotto della tavola, indi per un anello di ferro *r* ben fermo, e si lega all'estremità *t* di un cursore *tk*. Ha questo cursore la figura di un catenaccio con un foro nel mezzo corrispondente a quello della vasca di ferro; ma ch'essendo molto più ampio, può la palla toccare immediatamente il fondo della vaschetta per chiudere il pertugio *e*. Ciò fatto si riempie la vaschetta di mercurio, e sopra il sostegno *uuu* si pone un vaso di vetro *w*, che corrisponde al di sotto del forellino della vaschetta: ed ecco tutto all'ordine per eseguire l'esperimento.

Tra *f* e *g* tagliansi con una forbice i due fili di seta, con che restando liberi sul medesimo istante i due globi, pur nel medesimo istante e discende il globo R, ed esce pel foro *e* il mercurio, che si raccoglie nel sottoposto vaso *w*. All'altro istante, in cui il globo R è in fine della sua caduta, cioè quando ha scorso uno spazio eguale al cordone R *h* Q, stira l'accennato cordone, e facendo scorrere il cursore da *t* verso Q, chiude nel medesimo istante la vasca, nè più fluisce il mercurio.

Perchè poi la pressione del mercurio si mantenga sempre la stessa, il che per l'esattezza dell'esperimento importa moltissimo, si pone sopra la vasca un coperchio parimenti di ferro zz (*Fig. III.*), grosso quattro linee circa, nel cui mezzo vi è scavata una cavità emisferica, che termina in un forellino eguale a quello del fondo della vasca; e con tal mezzo procurava il Prof. *Poleni* di tener il mercurio sempre alla medesima altezza.

Ad oggetto poi di poter misurare il tempo, che impiega il grave R a descrivere gli spazj di 4, 9, 16 piedi, convien avere il comodo di poter fare un foro φφ, che corrisponda ad un altro piano al di sotto della stanza, in cui è collocato il detto apparato. E il modo di misurarlo è quello che segue.

Si supponga che al globo R sia attaccato un cordone lungo 4 piedi. Tagliati i fili di seta, il globo discenderà descrivendo uno spazio verticale non maggiore di 4 piedi, giacchè il suo cammino viene determinato dalla lunghezza del cordone, che abbiam detto di 4 piedi; ed il mercurio, uscendo dal foro e entrerà nel vaso W dal principio sino alla fine soltanto del suo moto.

Ora si raccolga il mercurio del vaso W, e si tenga conto del suo peso. Si faccia in seguito discendere il globo da un'altezza di 9 piedi, e ciò fassi attaccando al globo un cordone di 9 piedi pur di lunghezza; e si tenga altresì conto del peso del mercurio uscito; e progredendo cogli esperimenti, si trova con sufficiente esattezza, che per gli spazj 1. 4. 9. 16. 25. i pesi corrispondenti del mercurio sono 1. 2. 3. 4. 5. vale a dire che i pesi sono come le radici degli spazj, e perciò rappresentano i tempi.

Questo metodo, prima che *Atwood* immaginasse quella sua ingegnosissima macchina, era sufficientemente esatto, e grandemente pregievole, giacchè a misurare in tal sorta d'esperimenti le più piccole frazioni del minuto secondo, nulla si conosceva nè di più esatto, nè di più semplice (a).

### Difficoltà che necessariamente s'incontrano nell'uso del Cronometro del Professor Poleni.

Ma prima di tutto da questo strumento non si ottiene che la misura del tempo relativo, non già dell' assoluto. E in fatti per ottenere la misura del tempo assoluto, converrebbe determinare la quantità di mercurio ch'esce dal pertugio della piccola vasca in un minuto secondo, il che ognuno confesserà essere sommamente difficile. E dove ancor si conceda che giugner si possa a conoscere precisamente l'indicata quantità di mercurio, rimarrebbe la difficoltà tuttavia di ridurlo comparabile, sendochè rimangono a superare i seguenti ostacoli.

1.º Se il mercurio, che si adopera, non si mantiene sempre della medesima purità, gli esperimenti non saranno più comparabili; giacchè i Fisici sanno, che quanto più è puro, tanto più è scorrevole, e vice versa.

2.º La somma difficoltà di mantenere la superficie

----

(a) Il Professor *Poleni* adoperava questo apparato unitamente al sovr'accennato orologio a minuti primi, secondi e terzi, onde vedere le differenze tra questi due Cronometri, ed ottenere risultati di maggior esattezza.

del mercurio nella vasca al medesimo livello, rende affatto incerti i risultati.

3.° Nè lieve ostacolo si è certamente che per conoscere la quantità di mercurio uscito nel tempo dell'esperienza, d'uopo è ricorrere ad una bilancia. Ben vedesi che tutto dipende dall'esattezza di questa; e quantunque aver si possano bilancie esattissime e sommamente sensibili, è sempre facile che nasca un qualche errore o da un lato o dall'altro, tanto più che si hanno a superare tutte queste difficoltà ogni volta che vogliasi fare una sola esperienza. A tutto questo si aggiunga che attaccandosi il mercurio alle comuni bilancie maggiormente si accresce la difficoltà di averne l'esatto peso.

4.° Finalmente non si può conoscere il preciso momento in cui fluisce il mercurio dal pertugio del serbatojo, giacchè nell'istante in cui si apre l'uscita, non comincia esso precisamente a discendere, a motivo che il fluido deve impiegare del tempo a vincere la propria inerzia e la forza di coesione; il qual tempo essendo di una indeterminabile quantità forma un insuperabile ostacolo, e che viene a rendere decisamente imperfetto il modo di misurare il tempo mediante la discesa di un fluido per un dato pertugio.

Tal è la macchina dal Professor *Poleni* trovata per misurare il tempo impiegato da un grave nella sua verticale caduta, e tali sono le difficoltà, che a mio parere vi s'incontrano. E qui credo a proposito di soggiungere, come il Sig. Cav. *Aldini*, fu Professor di

Fisica sperimentale nella Regia Università di Bologna, ed ora Consigliere uditore, ha pur egli ultimamente pubblicato (a) una macchina con cui misurare il tempo mediante l'efflusso del mercurio, più elegante e meno complicata di quella del Professor *Poleni*, ma conoscendo anch' egli che il suo apparato non gli riuscì con tutta la desiderata esattezza, ci ha promesso di rettificarlo, e pubblicarlo di nuovo.

------

(a) Saggio sul modo di misurare con maggior esattezza, mediante una nuova macchina, varj effetti meccanici, e idrometrici. Bologna 1807.

c

# PARTE SECONDA

*Nuove indagini onde misurare le più minute frazioni del tempo.*

Pensando anche io sopra lo stesso argomento, e riflettendo che conveniva abbandonare affatto il pensiero di ottenere esattamente le più minute frazioni del secondo, così mediante l'efflusso del mercurio come col mezzo di più ruote, mi son dato a studiare se fosse possibile di rinvenire qualche altra maniera più esatta e più semplice. Fu in allora che mi venne in pensiero di ottenere queste desiderate minutissime frazioni del minuto secondo, mercè un pendolo a secondi, approfittando dell'arco ch'egli descrive nella intera sua oscillazione. Di fatto un pendolo a secondi mosso da una forza animatrice costante, e costrutto in modo che riescano pure costantemente eguali le resistenze, comunque picciole, che dee vincere nel suo moto, dovrà descrivere in tempi eguali archi precisamente eguali. Dietro questo principio basterà dividere gli archi delle semivibrazioni colla legge che osservano i gravi nella loro discesa per un piano circolare, e saremmo certi che gli spazj dall'accennata legge determinati verranno descritti dal pendolo in tempi eguali. Ed ecco in qual maniera ho diviso l'accennato arco per la misura dei minuti terzi e quarti.

Determinato, col metodo che indicherò a suo luogo, l'arco descritto dal pendolo nelle sue intere vibrazioni; ho diviso in 25 parti eguali l'arco della semivibrazione, che nel mio pendolo è di 3°. Or poichè il pendolo impiega 30″ a descrivere la semivibrazione, impiegherà $\frac{1''}{10}$ ossia 6″ a descrivere $\frac{1}{25}$ parte dell'arco accennato.

Di fatto discendendo per un archetto così piccolo, torna lo stesso come se discendesse per la respettiva corda; e perciò il pendolo descriverà l'accennato piccolissimo arco con un moto uniformemente accelerato. E giacchè il pendolo, passando dall'estremità dell'accennato piccolo archetto al contiguo, non perde niente della sua velocità acquistata (sapendosi bene che l'ostacolo che incontra a passare sopra il piccolo arco successivo, essendo eguale al seno verso di un angolo infinitamente piccolo, viene ad essere un infinitamente piccolo del secondo ordine, e più precisamente eguale a zero, come il *d'Alembert* l'ha dimostrato); così passando da un punto all'altro della curva senza perder nulla di sua velocità, dovrà nel successivo tempuscolo, eguale al primo, descrivere uno spazio prossimamente triplo del primo, ch'è quanto dire uno spazio $= \frac{3}{25}$.

Per la stessa ragione nel terzo tempuscolo ne de-

3

scriverà 5 , 7 nel quarto, e finalmente 9 nel quinto.
Trattandosi di un arco maggiore si potrà dividere il
tempo della semivibrazione in sei tempuscoli di 5'''
l' uno.

Ora quantunque per le già note teorie del moto
dei corpi per piani inclinati venga ad essere il moto
del pendolo un moto inegualmente accelerato, mer-
cecchè può supporsi che discenda per una porzione
di poligono di lati infinitamente piccoli egualmente
inclinati tra loro, ma inegualmente inclinati all'oriz-
zonte; tuttavolta trattandosi di archetti piccolissimi,
come ho accennato, essi vanno a confondersi colle
respettive sottese; e perciò senza timore di error sensibile potrà supporsi il suo moto egualmente accelerato.

Non basta. Questa pressochè incalcolabile differenza si può compensare in qualche maniera dividendo
coll' accennata legge della discesa dei gravi gli spazj
di 6 in 6″, e dividendo altresì gli intervalli in parti
respettivamente eguali. In questa maniera la divisione
del mio Oligocronometro ha l'impronta di tutto il rigore geometrico: al che può aggiungersi quest'altra
ragione, che in un tempo sommamente piccolo il moto si può supporre uniforme, giacchè da un terzo
all'altro non vi ha luogo a cangiamento sensibile.

Mi piace innoltre di far riflettere, che con questo
mio metodo riescono eguali le divisioni prossime alla
metà della intera oscillazione, ch'è quanto a dire per
tutto quel piccolo tratto dell' arco, che fisicamente

confondendosi colla retta orizzontale, fa che il moto del pendolo si possa assumere come uniforme senza timore di error calcolabile. Si aggiunga che dividendo l'arco colla legge che veramente osserva un grave discendendo per un piano circolare determinata col calcolo; i tre primi spazj descritti nei tre accennati tempuscoli di 6″ l'uno si uniformano quasi rigorosamente, ma nel quarto e quinto tempuscolo si riscontrano delle differenze da non trascurarsi. Quindi affinchè la proposta divisione meccanica riesca esatta, converrà dividere in dodici parti eguali la porzione di arco, che deve essere percorsa nei due ultimi quinti di secondo; e con tal metodo, anche dopo qualsivoglia numero di secondi, non potrà l'errore essere più grande di $\dfrac{3'''}{100}$, come facilmente dal seguente calcolo si può rilevare.

*Determinare la legge con cui un pendolo, che oscilla, percorre gli archi di circolo.*

Si supponga che il pendolo cadendo sia pervenuto in CA (*Fig. IV. Tav. I.*) dopo un qualunque istante $t$. Egli è chiaro che la forza acceleratrice della gravità potrà decomporsi in due parti, una delle quali agisca nella direzione della tangente A$o$, ed è sola, che faccia discendere il grave lungo la curva; l'altra nella direzione normale alla curva, e va distrutta.

Se rappresentiamo per A$q$ la forza di gravità, egli

è evidente, che decomposta nelle direzioni A$o$, A$a$, sarà A$o$ = A$q$ sen. $a$A$q$ = A$q$ . sen. ACB. Ponendo pertanto A$q$ = $g$, ACB = $\theta$, sarà la forza acceleratrice del corpo = $g$.sen. $\theta$. Ora per i principj di meccanica la forza acceleratrice è uguale al differenziale secondo dello spazio diviso per il quadrato del tempuscolo: sarà pertanto, facendo AB = $s$,

$$ - \frac{d^2 s}{dt^2} = g . \text{sen.} \, \theta $$

in cui si è posto il segno — perchè crescendo il tempo diminuisce l' arco $s$. Se si fa CB = $a$, sarà $s = a\theta$, essendo $\theta$ l'arco che misura l'angolo, e quindi

$$ \frac{d^2 \theta}{dt^2} = - \frac{g}{a} . \text{sen.} \, \theta . $$

Questa è l'equazione, che si tratta d'integrare. Essa è trascendente, e non si può integrare che per approssimazione. Fortunatamente nel nostro caso essendo gli archi percorsi molto piccoli, si può supporre sen. $\theta = \theta$, ed allora diventa integrabile esattamente. In fatti moltiplicando per $d\theta$ si ha integrando

$$ \frac{d\theta^2}{dt^2} = - \frac{g}{a} . \theta^2 + C . $$

ed osservando che al principio del moto si ha $\frac{d\theta}{dt} = o$,

posto RCB = $f$, sarà C = $\frac{g}{a} . f^2$, e quindi si otterrà, estraendo la radice, e dividendo per $f^2 - \theta^2$,

$$\frac{d\theta}{\sqrt{f^2 - \theta^2}} = \sqrt{\frac{g}{a}} \cdot dt$$

il cui integrale è

$$\sqrt{\frac{g}{a}} \cdot t = - \mathrm{arc.\, cos.} \frac{\theta}{f} + C.$$

Ora facendo $t = 0$, si trova $C = 0$, e quindi l'integrale diventa

$$\frac{\theta}{f} = \mathrm{cos.} \left( - t \cdot \sqrt{\frac{g}{a}} \right) = \mathrm{cos.}\, t \cdot \sqrt{\frac{g}{a}}.$$

Ora posto $RCA = z$, sarà $\theta = f - z$, e quindi

$$\frac{f - z}{f} = \mathrm{cos.}\, t \cdot \sqrt{\frac{g}{a}}, \text{ ovvero}$$

$$z = f \left( 1 - \mathrm{cos.}\, t \cdot \sqrt{\frac{g}{a}} \right) \text{ dalla quale si ha}$$

l'angolo espresso per il tempo.

Se si volesse l'arco, basterebbe supporre che $f$ rappresentasse l'arco RB, e si avrebbe per la medesima formola lo spazio assoluto percorso dal corpo.

Affinchè il pendolo descriva un'intera oscillazione in un secondo di tempo, conviene che posto $t = 1''$ $z$ diventi $= 2f$, ed in conseguenza dovrà essere

$$\sqrt{\frac{g}{a}} = 180°. \text{ Dunque } z = f\, ( 1 - \mathrm{cos.}\, 180°. t )\ \text{es-}$$

sendo $t$ espresso in parti di secondo.

Ora se si faccia $f = 1$, e $t$ successivamente $= 0''.1 ; 0''.2 ; 0''.3 ; 0''.4 ; 0''.5.$

$$
\begin{array}{lll}
\text{si avrà } 0'', \quad s = 0.000 & \text{diff}^e \\
1 \qquad\quad = 0.049 & 49 \\
2 \qquad\quad = 0.191 & 142 \\
3 \qquad\quad = 0.412 & 221 \\
4 \qquad\quad = 0.691 & 279 \\
5 \qquad\quad = 1.000 & 309
\end{array}
$$

Pertanto supposto l'arco diviso in 1000 parti, in ciascun tempuscolo percorrerà i seguenti spazj:

Tempuscoli $\quad$ 0''.1; 0''.2; 0''.3; 0''.4; 0''.5

Spazj corrispondenti $\quad$ 49 ; 142 ; 221 ; 279 ; 309

Tolta l'ultima cifra si ottiene la seguente progressione:

$$5 . 14 . 22 . 28 . 31 .$$

Dal che si scorge chiaramente che la sopra accennata divisione meccanica coincide quasi precisamente con quella, che ci somministra il calcolo, giacchè l'errore non può essere maggiore di $\dfrac{3'''}{100}$. Si aggiunga che volendo il rigore geometrico, basterà tener conto di tali differenze, tanto più che ciò si può eseguire con somma facilità.

Chi vorrà usare della divisione indicata dal calcolo, dovrà primamente dividere l'arco della semivibrazione in 100 parti eguali; secondamente dividere l'accennato arco in cinque parti tali che la prima contenga 0.05, la seconda 0.14, la terza 0.22, 0.28 la quarta, e finalmente 0.31 la quinta. Si potrà fare il calcolo anche di terzo in terzo collo stesso metodo.

M.<sup>r</sup> *Bouguer* (*Figure de la terre*) usò di una divisione dedotta dallo stesso principio, senza accennarlo, nelle sperienze da lui fatte per determinare la variazione della gravità nei diversi luoghi della terra.

Io peraltro anteporrei il sopraccennato mio metodo, giacchè, eseguito colle indicate avvertenze, riesce egualmente esatto, ed è molto più facile da eseguirsi.

Le resistenze degli attriti e dell'aria sono affatto da trascurarsi in questo mio pendolo, che non deve oscillare che per pochi secondi. Di ciò ne assicura l'esperienza: senza dire che queste resistenze vengono tolte dallo stesso metodo con cui si determina l'ampiezza dell'arco.

È da riflettersi inoltre che quantunque l'arco delle oscillazioni di questo mio pendolo debba essere di una sufficiente ampiezza, onde potervi segnare la divisione dei terzi; tuttavolta quando il detto arco rimanga entro certi limiti, non vi ha differenza sensibile in confronto di un pendolo che descriva degli archi infinitamente piccoli. L'insigne matematico *Bezout* ha calcolato questa differenza, e dalla formola

$$t = \mathrm{T}\left( \frac{b}{8a} + \frac{9b^2}{256a^2} \right)$$

in cui $\frac{b}{a}$ è il seno verso dell'arco descritto in una semioscillazione ( essendo il raggio $= 1$), rileva che un pendolo della stessa lunghezza di un pendolo a secondi, cui si facesse descrivere degli archi di 5° da

D

una parte e dall'altra della verticale, senza computare gli attriti, non ritarderebbe per ogni minuto secondo che del tempuscolo $t = 1'' \times 0.0004757 = 0''.0004757 = 0''.0005$, in confronto di quello che descrivesse degli archi infinitamente piccoli.

Ora facendo il calcolo a fin di rilevare il ritardo nel mio pendolo, che descrive un arco di 3° soltanto per ogni semivibrazione, risulta che la differenza per ogni minuto secondo non è che di $t = 1'' \times 0.0001713 = 0''.0001713 = 0''.0002$, quantità affatto trascurabile, ma che, se occorresse tenerne conto, si potrà fare facilmente, giacchè dopo un numero $n$ di secondi non si avrà che da aggiungere la frazione di secondo $= \dfrac{n}{5000}$.

Perchè poi lo strumento riesca più corto, e più comodo, mi sono servito di un pendolo composto ACB (*Tav. II. Fig. I.*). E nel vero, usando di un tal pendolo, si ha da vincere una minor resistenza onde metterlo repentinamente in istato di quiete, giacchè la forza da vincere è $= B.BC - A.AC = h$, ed $h$ deve essere una quantità positiva, se si vuole che A, oscillando il pendolo, non possa discendere. Ora per le note teorie del moto di oscillazione dei corpi d'intorno ad un punto fisso, la forza acceleratrice del nostro pendolo sarà $= \dfrac{B.BC - A.AC}{A + B}$, e la distanza fra il centro di moto e quello di oscillazione del pendolo semplice isocrono, verrà ad essere $= \dfrac{B(BC)^2 + A(AC)^2}{B.BC - A.AC}$, ove scorgesi che la lunghezza del pendolo semplice isocrono dipende dalla maggiore o minor ragione che hanno tra loro i pesi A, B, e le distanze AC, BC dei medesimi dal centro di moto. Chi volesse poi determinare col solo calcolo la precisa lunghezza del pendolo semplice isocrono, converrebbe che aggiungesse tanto da un lato che dall'altro il peso della respettiva verga come se fosse posto ai due terzi di sua lunghezza, partendo dal centro comune di moto. In questo modo si può ottenere un pendolo a secondi più comodo per la posizione dell'arco, che deve segnare i terzi, e da fermarsi poi facilissimo, giacchè non si ha da vincere che una piccolissima resistenza; la qual cosa importa moltissimo acciocchè non succeda il più piccolo sconcerto in uno strumento, in cui richiedesi tanta esattezza e precisione.

Chi volesse adoperare a tale oggetto un pendolo a secondi semplice, andrebbe incontro agli inconvenienti che seguono.

1°. Troverebbesi in necessità di vincere (ragguagliato il resto) una forza molto maggiore onde arrestare il pendolo a qual si voglia istante del suo moto, e la macchina per conseguenza sarebbe soggetta ad urti troppo violenti, per cui essa, ancorchè semplicissima, correrebbe a rischio non pure di sconcertarsi, ma di guastarsi ancora e in brevissimo tempo.

2.° L'abbandono improvviso del pendolo dalla quiete

2

al moto lo farebbe nei primi istanti, a motivo della
sua lunghezza, oscillare incurvato, cosa che altererebbe l'uniformità e l'aggiustatezza delle vibrazioni.

3°. Riuscirebbe finalmente incomodo a motivo che
renderebbesi necessario il sospenderlo ad un sosteguo
tropp'alto onde poter comodamente vedere le divisioni dei terzi.

Questa mia maniera di misurare le più minute frazioni del secondo di tempo potrà esser ridotta al più
alto grado di perfezione. Di fatto in luogo di un pendolo a secondi, si potrà costruirne uno a mezzi secondi, non già semplice ma composto, ad oggetto di
ottenere i mezzi secondi con un pendolo più lungo,
giacchè in questo modo, restando eguale il resto, le
divisioni dei terzi divengono non solo più esatte, ma
ben anche più sensibili.

Ora sia CB ( *Fig. I.* ) un pendolo composto , di
cui C è il centro di sospensione, ed alle distanze CA,
CB sono posti due pesi o lenti A, B. In un tal pendolo, colla già nota formola

$$\frac{(AC)^2 A + (BC)^2 B}{A.AC + B.BC}$$

si determinerà la posizione del centro di oscillazione, il quale dovrà cadere in un punto tra A, e B.
È chiaro dunque che volendo ottenere i mezzi secondi dal pendolo CB ( *Fig. I.* ) dovrà il peso A essere
collocato ad una distanza dal centro di moto minore
della nota lunghezza del pendolo semplice a mezzi se-

condi, e B ad una distanza maggiore. Ma siccome nel calcolo si suppone che la verga CB sia immateriale; così essendo essa necessariamente di un dato peso, si dovrà sostituire il suo peso in luogo della lente B, e si verrà ad ottenere il desiderato pendolo composto a mezzi secondi con una sola lente, sostituendo nella formola il peso della verga, e facendo BC eguale alla distanza del centro di oscillazione della verga dal punto C, che sarà facile determinare o col calcolo, o coll' esperienza.

Un pendolo di tal sorta oltrechè potrà ridursi a soffrire il minor possibile attrito intorno all'asse di moto, darà i mezzi secondi, ed i quarti con rigore geometrico, e tutte altresì le frazioni intermedie, cioè i mezzi terzi, i quarti di terzo, e sino l'ottavo di terzo che corrispondono a $30^{IV}$, $15^{IV}$, $7^{IV}.5$, quanto prossime al vero che si vorrà. Si avverta che riuscendo questo pendolo più veloce del doppio, tanto più rendesi necessario che l'artificio di arrestarlo sia sommamente pronto.

Il detto pendolo si può fare a compensazione coi metodi già noti ai Fisici ed agli esperti Macchinisti; ma trattandosi di uno strumento che non si dee porre in moto che per pochi secondi, sarà sufficiente che il giorno in cui si vorrà porlo in opera si rettifichi coi già conosciuti metodi, onde assicurarsi che dà precisamente i secondi: cosa che io reputo necessaria da farsi anche nel caso che il pendolo sia a compensazione, e ciò per maggior esattezza e precisione, giacchè sì tratta di uno strumento che deve segnare i minuti terzi e i quarti.

Fin qui non 'ho esposto che generalmente il modo di costruire il mio pendolo, che piacemi chiamare Oligocronometro perchè destinato a misurare le più minute frazioni del secondo di tempo : ma dalla seguente descrizione ognuno potrà intendere come si costruisca, qual sia il modo di adoperarlo e di rettificarlo, con quanta facilità si ponga in moto e si fermi a piacere, e con qual precisione si ottengano le più minute frazioni del tempo.

*Descrizione del nuovo Oligocronometro.*

La *Fig. II.* della *Tav. II.* rappresenta tutta la macchina veduta di prospetto.

AC, BD, ÉE sono tre stanti di legno inferiormente fissi in una base triangolare munita di tre viti *c, c, c*, e superiormente in una tavola AÉB parimenti di figura triangolare. A maggior fermezza dei tre stanti, sei puntelli o contrafforti addentano la base e gli stanti, come, senza più, rilevasi in guardar la figura.

*c, d, e, g* sono quattro cilindretti fissi con viti negli stanti di legno, e portano il castello di ottone su cui è piantato il pendolo *a b* con le sue parti, quali si veggono disegnate in grande nella *Fig. IV,* e che per maggior intelligenza descriveremo a parte.

*f l h* è una leva, che ha il suo fulcro in *l*, e che serve ad innalzare, ed abbassare un cerchio di ottone

onde porre in moto, e fermare il pendolo a piacere.
La stessa leva è delineata in grande nella *Fig. VIII.*

*ii* è il detto arco, che corrisponde ad II della *Fig. VIII.*

*ss* è il quadrante dei minuti terzi e quarti segnato in grande nella *Fig. III.*

*r, n, r* sono tre lunghe viti di ottone, che vanno tutte e tre ad unirsi in un punto *n* come scorgesi nella *Fig. VI*, e che servono primo a tener legati alla metà della loro lunghezza i tre stanti acciocchè non possano così facilmente incurvarsi: secondo ad orizzontare tutta la macchina mediante un piombino che discende dal centro del triangolo AEB sopra una punta di ottone, che sorge dal centro N, dove esse viti si uniscono ad angolo. Il detto piombino può vedersi nella *Fig. VII.* Due poi di queste viti sostengono in *p, p* (*Fig. VII.*) tutto il meccanismo che serve a fermare il pendolo, e che scorgesi delineato di grandezza quasi naturale nella *Fig. VIII.*

Le tre viti *c, c, c* (*Fig. II.*) servono ad orizzontare la macchina mediante il piombino, che ho preferito in questa circostanza al livello a bolla per le ragioni che accennerò più sotto.

Ora che per farne conoscere la posizione ho indicate rapidamente le parti componenti questo mio Oligocronometro, passerò a descriverle partitamente perchè si conosca come son esse costrutte, e qual sia l'uso loro.

### Del pendolo, e del meccanismo per cui si mantiene in moto.

La *Fig. IV.* rappresenta tutta la macchina in profilo, e fuor dei tre stanti di legno che servono a sostenerla.

CIEK è il piccolo castello di ottone che porta il movimento del pendolo comunemente noto.

AGB è il pendolo composto munito delle due lenti A, B. La lente A ha un micrometro in $v$ onde ottenere i secondi esatti avvicinandola od allontanandola dal centro di moto secondo il bisogno. L'estremità $x$ del pendolo serve ad indicare i minuti terzi come a suo luogo farò vedere.

$c\,b$ è l'asse di moto costrutto in modo che soffra il minor possibile attrito, e che non occorre indicare giacchè è cosa nota a tutti gli abili Macchinisti.

H rappresenta l'ancora.

$e\,f$ la ruota dello scappamento.

$h\,h$ l'asse della ruota.

$g\,g$ un piccolo tamburo entro cui vi ha un cricchetto, che serve, com'è già noto, al moto del pendolo unitamente ai due pesi P, L, che vengono sostenuti da un sottil cordone di seta, che accavalcia la carrucola $l\,l$.

C E rappresenta il quadrante dei secondi ove scorgesi la sua sfera fissa in $h$, e parallela al quadrante.

# AVERTISSEMENT.

LA nouvelle traduction des *Cinq Ordres d'Architecture* de J. BAROZZIO DE VIGNOLE, que je présente aux Architectes et aux Élèves même dans ce bel art, méritera, je l'espère, leur confiance, par les soins que j'ai apportés à la rendre aussi fidèle que possible. Tout en suivant avec exactitude cet immortel auteur, si je me suis permis, dans la disposition des planches, quelques changemens, ou plutôt quelques déplacemens de choses, comme les impostes et les archi-voltes, comme aussi quelques additions de plans de bases et de chapiteaux, ou autres détails que j'ai crus nécessaires pour plus d'intelligence et de régularité, ce n'est pas, je crois, une licence dont on puisse me blâmer, non plus que d'avoir ajouté des cotes pour les petites saillies à celles qu'il ne donne souvent qu'en grande masse, de même que l'addition de lignes ponctuées correspondant des plans aux profils, etc.; toutes choses enfin dont j'ai moi-même autrefois éprouvé le besoin, qui rendront l'ouvrage plus élémentaire (1).

Les remarques que j'ai placées au dessous du texte de Vignole (2), pour chaque partie de ses *Ordres*, ne sauraient être prises pour des commentaires, qu'ici je ne me serais pas permis, mais seulement comme des explications né-cessaires, ou pour éclaircir le texte même de l'auteur, quelquefois sinon obscur, souvent du moins trop succinct.

Le module de cette nouvelle traduction est réduit, sur celui de l'original, de deux septièmes, pour mettre le volume au format *in-quarto*, d'un usage plus commode. Le cadre, sur la hauteur, est exact dans sa proportion réduite, au moins pour la plupart des planches, qui varient elles-mêmes dans leur hauteur; le mien est pour toutes le même; j'ai pris un peu plus sur la largeur.

Quoique j'aie donné les *Cinq Ordres d'Architecture* du même auteur en cinq feuilles dans mon *Parallèle*, et sur une échelle commune aux autres

---

(1) J'ai cru devoir supprimer les détails qui servent de fond au frontispice, détails qui, dans un simple trait, auraient pu apporter quelque confusion nuisible au cadre principal.

(2) Sur l'original, chaque planche porte son texte et le renvoi du nom des moulures. Comme, pour cette tra-duction réduite de deux septièmes, il eût été impossible de suivre cette marche, j'ai dû prendre celle adoptée aujourd'hui pour tous les ouvrages d'art, en imprimant le texte à part.

Ordres qu'il renferme, et qu'à quelques petits détails près ils soient exacts, je n'ai pas cru devoir hésiter de reproduire de nouveau, dans tout son ensemble et dans ses mesures naturelles, un Ouvrage aussi recommandable et si fort altéré dans le grand nombre d'éditions qui portent son titre, et qui ne sont faites, pour la plupart, que par spéculation, et avec lesquelles souvent, loin d'avancer dans leurs études, ceux qui les possèdent ne peuvent faire que des progrès lents, aucun des caractères particuliers à chaque Ordre n'y étant exprimé ou même indiqué que très-imparfaitement, puisqu'ils sont souvent inconnus à ceux qui se sont chargés de les reproduire. Je ne crains pas d'être taxé d'exagération dans ce que j'avance; car, excepté une traduction en quatre langues, avec gravures du même format que l'original, celle de Daviler, et deux ou trois autres ouvrages chers, usés ou rares, je ne pense pas que le reste mérite la moindre confiance, soit à cause de la petitesse des formats, soit à cause de l'inexactitude ou de l'incorrection du dessin, et tous se ressentent plus ou moins du tems qui les a vus naître. Ainsi, ils substituent au chapiteau ionique de cet Ordre, par Vignole, celui de Scamozzi, et beaucoup d'autres détails étrangers à l'œuvre même, que je ne rapporterai pas ici.

Cependant, pour appuyer ce que j'avance, je citerai Laugier, ce grand commentateur, qui, sous le titre modeste d'*Essai sur l'Architecture*, a dit, éloquemment sans doute, de bonnes choses sur cet art, mais qui n'ont rien prouvé, sinon seulement qu'il avait le don de s'exprimer avec une sorte d'élégance entraînante, et peut-être persuasive pour beaucoup de lecteurs. Il s'est montré grand critique, mais nullement architecte, quand il a présenté ses Ordres d'architecture, ses plans et ses moyens d'exécution (1), ses colonnes accouplées, engagées même, quoiqu'il les repoussât. Il a prouvé enfin qu'il ne suffit pas de raisonner sur cet art, mais qu'il faut l'avoir exercé pour en parler sciemment, car, de tous les arts, celui de l'Architecture est peut-être le plus difficile, comme il est aussi le plus magique, le plus imposant, quand le génie et le goût sont en harmonie pour le diriger. Pourtant il faut rendre à Laugier cette justice, c'est qu'au moins ses remarques ont contribué à faire changer le goût des colifichets qui, de son tems, avaient une sorte de vogue en architecture. Cet art, depuis, a pris une physionomie plus mâle, plus rapprochée des modèles antiques qu'on connaissait à peine, et qu'on recherchait peu. Des artistes, qui ensuite ont parcouru la Grèce et l'Italie avec des yeux observateurs, en ont rapporté un faisceau de lumières qu'ils ont répandues avec un tel éclat, qu'il a servi à relever ce bel art, qui, sans eux, serait encore resté long-tems dans le chaos.

(1) *Essai sur l'Architecture*, par le P. Laugier, de la compagnie de Jésus. Iʳᵉ édition, 1752 ou 53.

Quelques innovations aujourd'hui ont une sorte de tendance rétrograde, et, quoique dirigées par des mains habiles, elles ne sauraient passer en principe. On ne peut prendre la maigreur pour de l'élégance, ni adopter toutes ces grandes ouvertures ou baies, qui, bien qu'imitées d'antiquités nouvellement découvertes, parce qu'elles convenaient à ces climats, ne sauraient convenir au nôtre. Ces ouvertures, dans peu, seront murées et réduites en petites croisées, et l'effet qu'on s'était proposé sera par conséquent détruit. Il faut donc laisser tout cet assemblage de grec, de romain et d'arabe mêlés ensemble, et prendre le style convenable au pays. Quelques artistes l'ont senti; aussi les édifices ou les maisons qui s'élèvent par leurs soins ont-ils l'assentiment général : pureté dans les profils, proportion dans les ouvertures, grandiose dans les masses, et harmonie dans l'ensemble.

C'est à vous, jeunes Elèves, à relever ce bel art, en suivant les préceptes et les exemples de quelques-uns de vos maîtres. Qu'on reconnaisse dans vos travaux la main habile (1), l'œil exercé; songez à la considération qui vous attend : car il ne suffit pas de bâtir une maison pour se croire ou se dire architecte, comme beaucoup le pensent et le font; il faut à l'œuvre prouver qu'on l'est réellement. Agréez ces conseils; ils vous sont donnés par un ami de l'art. Comme architecte, il est vrai que je n'ai presque rien fait qui m'ait mérité ce nom; cependant mes essais dans son étude, qui ont été couronnés plusieurs fois dans ma jeunesse, pouvaient me faire espérer de sortir de l'oubli. Mais les circonstances ne me furent point favorables, et me forcèrent à prendre une autre direction, que m'offrait quelque facilité et quelque habitude du dessin. La gravure au trait (2), que je n'avais regardée jusque là que comme un délassement, devint alors un état pour moi, et mon bonheur voulut que ce que j'ai fait dans ce

(1) J'entends ici le dessin de la figure, qui, pour tous les autres genres, donne une grande facilité. Il devrait toujours être la première occupation de celui qui se destine à l'Architecture, quand il y est porté, ou par son goût, ou par une inclination naturelle : autrement, il n'est toujours qu'un artiste froid et souvent médiocre. Sans attendre le secours du peintre ou du sculpteur, il doit savoir fixer ses idées, les rendre même, et guider en quelque sorte la palette et le ciseau, s'il veut que le caractère qu'il désire imprimer à son ouvrage soit toujours dans la même harmonie. Les mathématiques, ensuite, sont indispensables. On ne doit plus craindre alors que leur étude abstraite tende à rétrécir l'imagination. Ce n'est plus par de froids calculs qu'on se rend compte de ses idées; c'est, au contraire, pour vaincre les difficultés, pour joindre la hardiesse à la solidité.

(2) La gravure au trait, jusque là, n'avait été admise que comme un aperçu, un souvenir, pour retracer, à peu de frais, soit en peinture, soit en architecture, mais avec assez de vérité et de précision, tout ce qui pouvait intéresser dans ces arts, et rendre par ce moyen leurs progrès plus faciles. Ce simulacre de la gravure à l'eau-forte devait exprimer, autant que possible, la gradation, depuis le point éclairé jusqu'à la partie ombrée, et le burin n'y devait avoir aucune part.

genre fût souvent accueilli. C'est la confiance dans cet encouragement bienveillant qui m'a enhardi à mettre à profit, pour l'étude des autres, ce que j'avais acquis par mes travaux, ayant pu juger ce qui manquait pour les faciliter. Si ce dernier Ouvrage avait quelque succès, tout en rendant hommage à l'auteur que j'ai traduit, ce serait pour moi la récompense la plus douce.

# PRÉFACE DE VIGNOLE.

Je dois, cher lecteur, vous exposer le plus brièvement possible les motifs qui m'ont déterminé à faire ce petit Ouvrage, l'utilité publique d'abord, et ensuite le désir de satisfaire les personnes qui s'adonnent à l'Architecture.

Ayant exercé cet art pendant bien des années, et dans divers pays, je me suis toujours plu à en examiner l'ensemble, les effets et les détails; toutefois, je m'en suis référé, suivant ce qu'ils m'inspiraient, aux différens auteurs qui ont écrit sur les proportions et les ornemens des Ordres d'architecture antique, avant que de me déterminer à en former une règle certaine dans laquelle on pût avoir confiance, sinon en tout, du moins dans la plus grande partie, et je n'ai d'autre intention que de faciliter la connaissance de leurs diverses proportions, pour en faire l'usage que bon en semblerait.

Pour parvenir au but que je me proposais, je ne me suis pas embarrrassé des divers sentimens des auteurs que j'avais consultés, ne les ayant pas toujours trouvés d'accord entre eux. J'ai donc cherché à m'appuyer sur des autorités plus respectables. L'antique était devant moi, j'ai dû l'examiner, chercher à saisir les proportions exactes parmi les divers Ordres d'architecture que l'on voit à Rome. C'est ainsi qu'après avoir considéré avec attention les édifices dont ils sont le plus bel ornement, et après les avoir mesurés avec toute l'exactitude dont je suis capable, je me suis convaincu que les proportions qui, au jugement des connaisseurs, paraissaient les plus belles, et qui se présentaient aux yeux sous l'aspect le plus agréable, avaient entre elles une correspondance et un rapport sensibles; que les petits membres servaient à faire valoir les plus grands, qu'ils s'y trouvaient un plus grand nombre de fois, et contribuaient à la grande harmonie dont l'œil était satisfait. J'ai donc travaillé pendant plusieurs années, et avec tout le soin et la combinaison possible, pour présenter les cinq Ordres d'architecture sous une règle abrégée, constante, expéditive, et voici comment je m'y suis pris pour en venir à bout.

L'Ordre dorique, par exemple, me parut le premier que je pusse assujettir à ma règle, après avoir observé celui du théâtre de *Marcellus* à Rome, qui était regardé par les plus habiles architectes comme le mieux proportionné. L'ayant donc choisi pour fondement de cet Ordre, lorsque j'ai rencontré quelques-uns de ses plus petits membres qui ne me paraissaient pas se rapporter avec les proportions des nombres (ce qui arrive quelquefois par la faute du sculpteur, ou par quelques autres causes, qui cependant peuvent occasioner les différences considérables que je remarquais, surtout dans les plus petites parties), j'ai dû les assujettir à ma règle, dont je ne me suis jamais écarté pour les choses importantes. Dans ce dernier cas, j'ai pris le soin de justifier les petites licences que je prenais par l'autorité des autres Ordres de même espèce, qui avaient aussi l'assentiment des connaisseurs, et sur lesquels je rectifiais les

# PRÉFACE DE VIGNOLE.

mesures du premier, et c'est de leur balance que je formai ceux qui font partie de ma règle pour cet Ordre.

C'est ainsi que, paraissant imiter Xeuxis, lorsqu'il forma sa Vénus d'après les plus belles filles de Crotone, je m'en suis cependant écarté en ce que je n'ai suivi, dans mon choix, que mon propre jugement. J'ai donc tiré de tous les Ordres anciens ce qui m'a paru le mieux pour en former l'ensemble de mes proportions, n'y ajoutant rien de moi-même, si ce n'est la distribution des moulures, que j'ai fondée sur les nombres les plus simples. Ainsi, renonçant à toutes les mesures connues, de palmes, de brasses, de pieds ou de toutes autres que ce soit, j'ai employé une mesure arbitraire que j'appelle *module*, que j'ai subdivisée en un certain nombre de parties plus petites, suivant les Ordres, comme je l'expliquerai ci-après; par ce moyen, je crois avoir rendu facile l'étude de cette partie de l'Architecture, les mêmes Ordres antiques étant souvent si différens entre eux, qu'il m'a toujours paru impossible de se fixer sur un seul; mais par le moyen dont je me suis servi, pour peu qu'on ait du goût pour cet art, on pourra comprendre aisément les règles que je donne, et en faire usage dans l'occasion.

Je dois dire cependant que, malgré l'opinion que j'avais de mon ouvrage, je ne l'ai mis au jour qu'à la sollicitation de plusieurs de mes amis et de l'illustre cardinal *Farnèse*, qui m'honorait de sa confiance, et qui, par ses encouragemens et son goût pour les arts, m'en présageait le succès. Mais si pourtant il en était autrement, et qu'on voulût me faire des objections, je déclare d'avance que je n'y répondrai pas. Je laisse à l'ouvrage à répondre par lui-même; et s'il plaît aux gens de l'art, judicieux et connaisseurs, ils sauront bien prendre sa défense contre mes détracteurs; je dirai seulement que si quelqu'un jugeait que j'ai pris une peine inutile dans ces recherches, par l'idée qu'il aurait qu'on ne peut obtenir une règle constante pour les proportions des Ordres d'architecture, puisque, selon le sentiment de *Vitruve*, on est souvent obligé d'augmenter ou de diminuer celles de quelques-uns de leurs membres pour suppléer par l'art au défaut de la vue, ou par quelque cause que ce soit, je répondrai dans ce cas-là même qu'il est absolument nécessaire de connaître ces proportions par le moyen de la perspective, dont la pratique est nécessaire ainsi que pour la peinture, parce qu'elle représente les choses telles qu'elles doivent paraître à l'œil, et que cette règle est celle qu'on sera obligé de suivre dans de pareilles occasions.

Pour me faire entendre des personnes qui n'ont que peu ou point de connaissance de l'Architecture, j'exposerai les noms particuliers de chacun des membres en expliquant les Ordres, en ayant soin de les désigner par les noms mêmes que les architectes et les ouvriers leur donnent vulgairement. J'avertis, toutefois, que lorsque j'aurai expliqué les membres communs à plusieurs Ordres, en faisant la description des premiers, je n'en ferai plus mention en parlant des autres Ordres qui suivront ceux-ci.

---

*Note.* VIGNOLE ne fait aucune mention de l'Architecture des Grecs; il paraîtrait qu'elle était oubliée ou peu en faveur de son tems (celui de la renaissance des beaux-arts). Il vint en France avec Le Primatice, à son retour de Rome, où François Ier l'avait envoyé. Il aida l'artiste français dans plusieurs de ses ouvrages à Fontainebleau; mais l'on croit que rien n'y a été exécuté sur ses dessins. Son goût pour les Ordres d'architecture antique , qu'il avait étudiés à Rome, a été la base sur laquelle il a rédigé son Traité. D'autres architectes ont fait, comme lui, divers Traités sur les Ordres d'architecture; mais, soit qu'ils se livrassent trop à leur propre génie, sans s'assujettir, comme Vignole, aux ouvrages des anciens qu'ils prenaient pour modèles, soit que leur mérite ne pût balancer celui de notre auteur, qui s'en était le plus rapproché, son ouvrage a dû prévaloir sur les leurs.

Jacques BAROZZIO DE VIGNOLE était né l'an 1507, le 1er octobre, à *Vignole*, petite ville du marquisat de ce nom, qu'il prit lui-même par la suite, et sous lequel il est le plus connu. Il mourut en 1573.

*Le Vignole* original porte la date de 1617. La traduction en quatre langues, de même format, est datée de 1631.

[illegible]

[illegible]

[illegible] [illegible] [illegible] [illegible]
[illegible] [illegible] [illegible] [illegible]
[illegible] [illegible] [illegible] [illegible]

# MÉTHODE

## ABRÉGÉE

# DU TRACÉ DES OMBRES

## DANS L'ARCHITECTURE,

### A L'USAGE DES ÉLEVES DANS CET ART.

# NOTE.

Les développemens nécessaires pour un traité du *tracé des ombres* dans l'Architecture pourraient, sans doute, former un ouvrage particulier, et tout-à-fait détaché de celui auquel nous joignons cet abrégé; mais nous l'avons composé de telle sorte que chaque partie puisse se rapporter à un tout, ce qui, pour chaque détail en particulier, n'aurait pu être exprimé par le seul ensemble d'un édifice pour lequel on aurait voulu les réunir, et nous espérons cependant que cet abrégé, quelque succinct qu'il soit, renferme tout ce qui peut s'adapter soit aux dessins géométraux d'Architecture, soit à tous autres qui auraient des plans pour base.

## SOMMAIRE DES PLANCHES.

*La première* présente les premiers élémens, et se rapporte à toutes les projections, tant pour former des parallélogrammes dérivant du carré, que pour les parties courbes et circulaires inscrites dans ces carrés même.

*La seconde* a trait aux ombres particulières aux moulures, éclairées directement ou par reflets, toutes leurs parties étant privées de lumière, etc.

*La troisième* indique celles d'un larmier sous lequel sont placés des modillons projetant, ainsi que le larmier, leur ombre sur une frise; l'ombre des niches, des culs de four et des voûtes en berceau, les parties carrées portant leur ombre sur des cylindres, etc.

*La quatrième* est destinée aux ombres des bases de colonnes, des chapiteaux, celles projetées par des arcades et des corps droits passant sur des moulures qu'elles doivent profiler, etc.

*La cinquième* montre l'ombre portée des moulures, parties dominantes dans les entablemens, celles projetées par des corps appuyés contre les murs et par ceux qui en sont isolés, comme des colonnes formant avant-corps ou des portiques.

*La sixième* est relative à l'ombre portée des colonnes isolées pour en démontrer toutes les parties se projetant les unes sur les autres, à celles particulières au chapiteau toscan, lesquelles diffèrent peu pour le dorique, et enfin à celles pour le chapiteau ionique. L'ombre des volutes du chapiteau corinthien s'obtient par les mêmes moyens.

# MÉTHODE ABRÉGÉE
# DU TRACÉ DES OMBRES
## DANS L'ARCHITECTURE,

### A L'USAGE DES ÉLÈVES DANS CET ART.

Dans ces jours sombres où une lumière uniforme, répandue sur toute la nature, la rend triste et nous attriste nous-mêmes, une teinte grisâtre affecte tous les objets ; la verdure, les fleurs mêmes ont perdu leur éclat : tout semble être dans une sorte de stupeur. Mais si l'astre du jour parvient à dissiper cette enveloppe répandue sur l'atmosphère, tout change alors : la nature, morne un instant auparavant, semble renaître, s'animer, et donner une nouvelle vie à tout ce qui respire ; sa robe, nuancée de mille couleurs diverses, réjouit la vue, change tout notre être ; l'habitant des airs fait entendre son chant harmonieux : tout est embelli ; le malheureux même se trouve moins à plaindre. Ce charme, dont on ne se rend pas toujours compte, n'est cependant produit que par l'opposition des ombres à la lumière, qui, se variant suivant les objets sur lesquels elle frappe, se nuance aussi de mille tons variés, produit le sombre, le clair-obscur, les demi-teintes, et jusqu'à la vapeur, et tout est en harmonie. Le peintre alors saisit sa palette ; tout ce qui l'entoure l'inspire ; il reproduit sur la toile ce secret de la nature qui nous charme et embellit notre existence. Les ombres que le peintre oppose à ses clairs, pour les faire valoir, ne sont assujetties à aucune règle ; son goût seul les dirige : il peut ajouter ou retrancher, suivant qu'il le juge convenable pour produire l'effet qu'il se propose. Mais l'architecte, dont l'art est tout mathématique, n'ayant pas cet avantage, imagina que les ombres produites par des corps saillans sur des arrière-corps devaient être soumis à la même règle mathématique. Il lui a donc fallu partir d'un point fixe pour ne rien faire au hasard, et l'ombre portée sous l'angle de 45 degrés lui a paru la plus convenable, en ce qu'elle exprime la saillie même qui la motive, et en donne la juste valeur. C'est pourquoi aujourd'hui la méthode la plus exacte et la seule reçue est d'ombrer sous l'angle de 45 degrés les dessins géométraux d'Architecture, c'est-à-dire que le rayon de lumière éclaire également les objets sur le plan horizontal et sur le plan vertical.

Ce fut dans le siècle dernier que les élèves de l'Académie d'architecture en offrirent les premiers exemples dans leurs projets destinés aux concours. La netteté , la précision qu'ils y apportèrent ensuite la fit généralement adopter. Avant ce tems , le lavis pour les dessins des édifices , des bâtimens et de leurs détails était arbitraire; il n'était, pour ainsi dire, assujetti à aucune règle. Les dessins les mieux faits et les planches les mieux gravées , même sous le règne de Louis XIV, ne nous montrent aucunes ombres bien déterminées, mais seulement des teintes fondues sur des parties éclairées (1). De là cette monotonie et cette indécision que l'on voit sur les dessins et les gravures d'Architecture de cette époque , et même sur ceux des tems antérieurs. L'ombre, portée sous l'angle de 45 degrés, a l'avantage de donner la vraie saillie des corps les uns au devant des autres. Le lavis à l'encre de la Chine, à la cépia, ou de toute autre couleur, conduit et gradué avec intelligence, doit exprimer le contour de toutes les moulures, soit qu'elles reçoivent la lumière directe ou qu'elles soient dans l'ombre, soit qu'elles reçoivent une lumière vive ou qu'elles ne soient éclairées que par des reflets, ce que l'on peut désigner par le clair-obscur. Les moulures et d'autres détails étant, pour ainsi dire, à l'Architecture ce que les muscles sont au corps humain, les ombres, les teintes et demi-teintes les font également valoir et ressortir les uns sur les autres.

Les reflets, que l'on peut aussi appeler des contre-ombres, sont produits par la lumière réfléchie ou renvoyée par les parties ou les corps qui reçoivent la lumière directe; leur effet est donc en sens inverse, mais beaucoup plus doux que les premiers, et en harmonie avec la masse d'ombres portées, sans dureté ni mollesse. Ces ombres de reflets sont plus ou moins vives selon que les corps qui les reçoivent sont plus ou moins rapprochés de la lumière qui les produit. Par exemple, les ombres de reflet de la façade du Louvre sont peu apparentes, à cause de la grande lumière qui l'environne , tandis que celles des plafonds des galeries qui en font partie sont beaucoup plus prononcées, la lumière s'en rapprochant davantage, et étant renvoyée par le sol même de la galerie. Dans les intérieurs, surtout dans ceux où la lumière vive ne pénètre, pour ainsi dire, qu'accidentellement, l'harmonie est aussi plus difficile à saisir, à exprimer, les reflets étant toujours plus apparens par le renvoi du jour qui frappe sur le sol.

La masse d'ombre portée par un corps très-saillant doit être fondue vers le bas du sol, qui, étant éclairé, la réfléchit plus tôt, sans cependant la rendre indéterminée. Celle portée horizontalement par le même corps doit être plus ferme, et graduée de même à son arrivée vers le corps perpendiculaire qui la reçoit (2), la teinte devant être toujours plus forte près des corps qui la donnent, par l'opposition même du clair-vif qui la produit. Dire qu'à mesure que les plans s'éloignent, l'ombre doit aussi se dégrader, c'est ce qui est trop sensible : l'art est dans la justesse des tons qui doivent indiquer la distance des parties, en les faisant se détacher les uns sur les autres, et en conservant toujours la même entente pour les reflets.

Nous pensons que ces explications générales suffisent, nous réservant de revenir sur chacune des figures dont le tracé ne suppléerait pas à la démonstration. Comme on peut n'avoir à consulter qu'une seule des figures, nous devons prévenir que nous n'avons pu

---

(1) Ils étaient éclairés par le simple jour et non par le soleil , ce qui produit des ombres vagues , molles et sans effet.

(2) Voyez planche 3.

éviter de nous répéter quelquefois pour leur disposition première, afin de nous rendre plus intelligibles pour chacune d'elles en particulier.

# OBSERVATIONS

## POUR LE LAVIS DES PLANS, DES FAÇADES ET DES COUPES.

Le trait de votre dessin une fois arrêté, il faut tracer légèrement les ombres que doivent porter toutes les parties saillantes sur les corps qu'elles recouvrent ; je dis tracer légèrement, parce que, si elles étaient trop apparentes, quoique tracées au crayon, elles pourraient cerner comme un trait leur extrémité, qui ne doit être indiquée que par la teinte même.

La meilleure encre de la Chine est celle qui donne un ton légèrement roussâtre, et qui n'a point de crudité, défaut ordinaire de la mauvaise encre.

Le papier, quel qu'il soit, doit être bien uni, blanc et bien collé, sans autre apprêt. Il faut, le moins possible, pour effacer, employer la gomme élastique ou la mie de pain, qui souvent graissent le papier, et toujours occasionent à la superficie une sorte de duvet qui nuit au lavis. Cependant, comme il n'est pas toujours possible d'éviter cet inconvénient, le moyen d'y remédier est, après que le trait est fait et les ombres tracées, de passer dessus une eau pure, sans y appliquer l'éponge autrement que pour ôter l'eau des endroits où la tourmente du papier pourrait la faire séjourner long-tems et inutilement. Il vaut mieux encore tenir levée la planche sur laquelle le dessin est collé, jusqu'à ce que le papier soit retendu.

Quand vous posez votre première teinte générale, il est essentiel qu'elle soit d'un ton tel qu'il ne faille pas revenir avec une seconde teinte sur les parties qui doivent être éclairées de reflets, car vous pourriez tomber dans la mollesse. Ne mettez jamais non plus une teinte plus faible sur une plus forte : le lavis à l'encre de la Chine ne veut point être fatigué ; trois teintes graduées de force les unes sur les autres lui conservent la fraîcheur qu'il doit avoir pour être agréable à l'œil. Les ombres produites par reflets doivent être de même bien ménagées, posées à propos, ainsi que les contre-ombres au dessus des parties saillantes, comme les corniches, les architraves et autres saillies, pour les détacher des corps auxquels elles appartiennent. Faites aussi ressortir les portes et les croisées par une teinte ferme et presque noire, adoucie vers le bas ; c'est alors que, quand toutes les teintes sont en harmonie, que les teintes plates sur les corps lisses en accord avec leurs divers plans sont de même posées, par des tons plus prononcés, vous faites ressortir tous les ornemens pour les détacher de leur fond, et en dernier lieu vous placez des touches plus vigoureuses pour en faire valoir les détails.

Les plans, pour les projets des concours à l'Ecole spéciale d'Architecture, se lavent, ou, ce qu'on nomme en terme d'école, se *pochent* en noir; les plans des projets pour les constructions, soit d'édifices ou de maisons, en rouge, et les plans projetés pour les restaurations, les constructions que l'on veut conserver se teintent en noir, ce qu'on démolit en jaune, et ce que l'on projette en rouge. Pour les ombres portées par des sou-bassemens, perrons, ou autres constructions sur lesquelles serait assis un bâtiment, *voyez* PLANCHE 1<sup>re</sup>, fig. 6.

# TRACÉ DES OMBRES

## DANS L'ARCHITECTURE.

## PLANCHE 1<sup>re</sup>.

Nous avons dû, dans cette première planche, présenter les moyens les plus simples pour parvenir, sinon à la connaissance parfaite du tracé des ombres dans l'Architecture, au moins pour en établir les figures avec le plus de clarté possible (1). Comme toutes les ombres des parties rondes inscrites dans des carrés se projettent par la diagonale, de même la diagonale se trouve portée perpendiculairement sur un mur qui la reçoit, et sert de centre et de régulateur à tous les angles qui s'y rattachent, et qui se reportent à droite et à gauche, les uns horizontalement, et les autres sous l'angle de 45 degrés. Si l'objet est adhérent, ou touche à un mur ou à toute autre chose, la diagonale perpendiculaire part de son extrémité opposée au jour B, Fig. 1<sup>re</sup>; si, au contraire, il en est éloigné, la diagonale s'en écarte de la diagonale même du carré de sa distance du mur, sur lequel il projette son ombre b, Fig. 2.

### DU PRINCIPE DES OMBRES.

Figure I<sup>re</sup>. Cette figure présente l'*Ombre portée d'un cercle;* ce cercle est présumé être appuyé horizontalement contre un mur sur lequel il projette son ombre sous l'angle de 45 degrés. Pour en obtenir la figure, il faut tracer la ligne horizontale du cercle A B, le centre C et les points D E, diagonale du cercle relevées sur le plan; ensuite, descendre la perpendiculaire B F, et du point A, prolonger une ligne à 45 degrés jusqu'au point F. De ce point, tracer une parallèle à A B, mener de là parallèlement à A F les points D C E B, jusque sur la ligne F G. Ceci fait, du point G conduire une ligne au point A, qui, diagonale elle-même, coupant la diagonale perpendiculaire, marque à son intersection le centre du carré dans lequel doit être renfermé votre cercle; par ce point de centre, vous faites passer une autre ligne parallèle à A B; où elle touche les deux côtés du caré H I; là doivent aussi toucher les deux points de votre cercle; les deux autres sont indiqués par les points C et K; ensuite, les quatre points qui doivent

---

(1) Comme cette addition aux *Cinq Ordres d'architecture*, de J. B. de Vignole, que nous avons faite pour suppléer aux ombres portées des figures de chaque planche, servira plus aux jeunes élèves qu'aux architectes, nous avons cru devoir, laissant tous termes scientifiques, guider l'élève le plus simplement possible sur chaque figure. Ainsi, nous dirons indifféremment, ligne prise sous l'angle de 45 degrés, diagonalement, ou ligne diagonale, la diagonale d'un carré étant toujours inclinée à 45 degrés; nous nous servirons également des mots *projections* ou d'*ombre portée*, etc., nous faire comprendre étant notre seul but.

Nous avons tenu un peu larges toutes les tailles formant les parties ombrées pour ne point perdre, dans un travail trop fin, les lignes des opérations qui sont la base essentielle de toutes les figures que présente cet ouvrage.

b

former votre cercle se trouvent, par la rencontre de la ligne E, sur la perpendiculaire B¹, que vous conduisez parallèlement à A B², de même que la ligne D prolongée sur la perpendiculaire B³, conduite parallèlement à la ligne F G⁴, vous donne également à leur rencontre les points nécessaires pour faire passer l'ombre de votre cercle, dont la forme devient une ellipse renfermée dans un parallélogramme.

**FIGURE 2.** *Ombre portée par quatre lignes formant un carré.* — Le carré de cette figure est éloigné du mur, sur lequel il projette son ombre, de la distance de *a b c*, diagonale du carré de cette distance. Du reste, pour en obtenir la forme, il faut employer la méthode indiquée pour la fig. 1ʳᵉ; seulement ici les lignes du carré sont tracées pleines, tandis que le cercle inscrit est ponctué.

**FIGURE 3.** Cette figure présente une *Pierre* de forme circulaire *posée horizontalement contre un mur;* elle est percée dans le milieu de la même forme. La face A B est indéterminée dans sa hauteur perpendiculaire. Pour tracer l'ombre portée de cette figure, il faut opérer par la même méthode que pour la figure 1ʳᵉ. Le cercle inférieur passant par les points d'intersection C D E F et G H I K, une fois tracé, vous élevez une perpendiculaire à l'intersection de chacun de ces mêmes points donnés pour son contour; de ces points, sur chacune des lignes, vous porterez l'épaisseur de C à L, et vous tracerez le cercle supérieur, ce qui vous évitera une seconde opération semblable à la première. On voit ici que la courbe L, arrivant à la perpendiculaire élevée au point K, se perd dans l'épaisseur de K E D jusqu'à H, où elle reprend de la même manière, en opposition au point K. Pour le cercle intérieur *a b*, la méthode étant la même pour l'obtenir, il devient inutile de se répéter; seulement, les deux traits du cercle qui limitent l'ombre sont inverses de ceux extérieurs.

**FIGURE 4.** Cette figure montre une *Pierre carrée* par son plan. La hauteur de ses faces *a b* est indéterminée; elle est éloignée du mur, par le haut, dans la même proportion que le carré de lignes de la figure 2. La projection de son ombre s'obtient par la même méthode; son addition en hauteur est sensible, ainsi que celle du second cercle ( *voyez* FIG. 3 ). Si cette pierre était recouverte par une autre, en forme de larmier *c*, elle correspondrait à celle d'un mutule ou d'un modillon, et toute la projection de son ombre se trouverait réduite aux deux extrémités *d e*, le larmier *c* couvrant tout le reste par sa forme prolongée d'un mutule à un autre.

**FIGURE 5.** Exprime une *Pierre ronde* par son plan, et dont le bord est de même arrondi, ou une moulure servant d'ornement aux bases des colonnes, et que l'on nomme un *tore*, et, dans une proportion plus petite, une baguette ou un astragale. Ici, l'espace nous ayant permis d'exprimer un quart de cercle de 90 degrés, le nombre de 45 degrés, qui est adopté pour la régularité des ombres portées, y est noté particulièrement, et sert de centre à la projection de l'ombre de la moulure, auquel centre toutes les autres lignes nécessaires en ce sens pour son développement se projettent parallèlement. Ce tore, comme suspendu, est éloigné du mur sur lequel il projette son ombre de toute son épaisseur prise carrément, et la perpendiculaire A B de la diagonale du carré A C de cette même épaisseur. Pour obtenir la forme de l'ombre portée de cette figure, il faut d'abord opérer comme si le bord, au lieu d'être arrondi, était, au contraire, perpendiculaire comme C D E et F, en projeter les lignes parallèlement à celle du centre et horizontalement à leur point d'intersection à la perpendiculaire A B, en projeter également la ligne de centre horizontale G de la moulure, ensuite dessiner les diagonales H H sur la moulure même, en marquer l'ombre naturelle *a bb' cc' dd' e*, dont nous donnons le principe (*voyez* PL. 4), ensuite inscrire les trois cercles I, I, I, dans les carrés ou parallélogrammes C F, D E, par la même méthode que pour la figure 3. Ensuite, sur la diagonale K et la ligne horizontale L qui la traverse à sa jonction sur la perpendiculaire A B, vous abaisserez vos points *a bb' cc' dd'* et *e*, qui vous indiqueront la ligne formant le contour de votre ombre. Cette figure renferme la projection et l'effet que doivent produire toutes les parties circulaires saillantes, telles que les feuilles des chapiteaux corinthiens et composites. Les deux grandes feuilles opposées sur la diagonale, ainsi que les petites qui sont au dessous d'elles, sont les seules qui projettent leurs ombres sur le fond, où les colonnes sont isolées ; leur relevé sur le plan en donne la portée.

FIGURE 6. Pour relever la saillie des ombres par les plans, il faut que l'angle de 45 degrés soit porté en montant, jusqu'à la ligne horizontale, au pied de votre mur ou de votre bâtiment (*voyez* FIG. 7 et 8), pour être relevé perpendiculairement à la rencontre de toutes vos saillies projetées sur votre élévation, par 45 degrés en descendant ; mais lorsqu'il s'agit de porter les ombres d'un plan, ce qui ne se fait guère que pour les soubassemens, alors, comme pour une élévation, vous en projetez tous les angles *a b*, toujours par 45 degrés ; vous fixez ensuite, par votre élévation, la hauteur donnée de ces mêmes soubassemens *c c*, ce qui détermine la forme et la grandeur des ombres, comme l'indique cette figure. L'on projette toujours les ombres pour les plans en prenant le jour derrière les objets.

FIGURE 7. *Pierre de forme carrée, et percée à jour d'un autre carré, élevée perpendiculairement et vue sur le profil, projetant son ombre sur un mur en retour d'équerre.* — Le plan et l'élévation sont de même dimension. Après avoir renvoyé sur le mur A les points B C D E, donnés par l'épaisseur de la pierre, et les avoir relevés perpendiculairement, vous projetez sur l'élévation par 45 degrés les mêmes points B C D E, et, vous arrêtant à leur rencontre sur chaque perpendiculaire marquée des mêmes lettres, votre ombre se trouvera déterminée, ainsi que la partie du jour qui pénètre le milieu par l'ouverture dans la pierre même.

FIGURE 8. Cette figure présente un *Mur vu de profil et percé d'une croisée circulaire, qu'on nomme œil-de-bœuf.* — Sa forme étant la même pour le plan et pour la coupe, les points qui servent à déterminer la pénétration du jour au milieu de l'ombre portée par le mur, sont aussi les mêmes pour l'un et pour l'autre. Ces points une fois fixés, comme pour tout autre cercle, tant pour son diamètre en hauteur A B, que pour sa largeur C et les diagonales D E, vous projetez par 45 degrés tous les points sur le plan vers la ligne de terre F; vous les élevez ensuite perpendiculairement, et, sur le profil, vous abaissez les mêmes points, qui, à leur rencontre en *abcede'c'd'*, vous donnent la forme fuyante ou elliptique de votre premier cercle, lequel, répété pour l'épaisseur du mur, détermine la forme du jour au milieu de l'ombre. (*Voyez* FIG. 3 ).

FIGURE 9. *Ombre portée du Larmier sur le tympan d'un fronton.* — Cette ombre est réglée par celle du larmier horizontal A B, que l'on relève parallèlement au rampant du fronton pris au point A, et dont on a la réduction pour le rampant opposé, par 45 degrés pris à l'angle C jusqu'à la rencontre D de la première ligne d'ombre, et que l'on conduit de ce point sur la même inclinaison du larmier de ce côté.

# PLANCHE 2.



FIGURE I^re. Par cette figure, qui présente *un Cube,* on conçoit facilement que le point de lumière A B étant pris à 45 degrés, trois des côtés sont également éclairés, et que les trois autres sont dans l'ombre : voilà donc le principe; et si, au dessus de ce cube, FIGURE 2, vous ajoutez des parties saillantes ou qui la dépassent, comme une corniche ou une plinthe C, ou d'autres parties posées dessus en retraite D, ces mêmes parties porteront naturellement leur ombre sur chacune des surfaces éclairées.

FIGURE 3. La projection des ombres des corps et des parties avancées les unes sur les autres est très-simple. Les saillies du plan A, reportées par l'angle de 45 degrés sur un mur, et élevées verticalement B, et les saillies en élévation projetées jusqu'à leur rencontre C, servent à les déterminer.

FIGURE 4. Les moulures, ornemens naturels de l'architecture, ont de même leur projection d'ombre sur leur propre corps, ce qui concourt au dessin de leur forme. Cette figure présente *une Doucine* et *un Talon* au dessous, couronnés l'un et l'autre par *un Filet.* Les différentes saillies projetées sur chaque moulure, soit par la saillie des filets, soit par le contour des moulures mêmes, vous en démontrent l'effet. L'ombre de la partie concave A doit être tranchée vers le bas, et fondue par le haut sous le filet. La partie convexe B est fondue légèrement avec la partie éclairée et le dessous en demi-teinte, de sorte que le point le plus saillant sur lequel passe la ligne à 45 degrés B, soit le plus prononcé et rappelle la forme de la moulure. Les ombres sur les surfaces droites, telles que CD, doivent être franches et unies. Pour le talon, *voyez* FIG. 8, et PLANCHE 4, FIG. 1^re, pour la projection de l'ombre portée sur un mur de ce même profil.

FIGURE 5. Elle offre le même profil dans l'ombre, et ne se dessine que par les reflets qui lui sont renvoyés par la lumière répandue sur l'horizon, de sorte que tout ce qui se trouve éclairé pour la première figure se montre ici teinté A, et ce qui est dans l'ombre reflété, pour ainsi dire, d'une demi-teinte lumineuse, les moulures recevant toute la lumière possible dans leur position B.

FIGURE 6. Elle montre *un Quart de rond*, *une Baguette* et *un Filet* au dessous, couronnant un larmier qui aboutit en congé sous le filet. L'angle de 45 degrés A, passant sur la partie la plus saillante du quart de rond B, en marquant le point où commence l'ombre, qui se prolonge et couvre en même tems la baguette, le filet, et va s'arrêter sur le larmier C. Le quart de rond présentant une partie convexe, le principe, pour en faire ressortir la forme, est le même que pour le bas de la doucine décrite à la fig. 4, ainsi que le congé, qui présente une partie concave, doit imiter l'ombre du haut de la même moulure. La baguette est ombrée par dessus et fondue par le bas, et la teinte égale et franche mise sur le filet au dessous sert à la faire ressortir, en même tems qu'à faire valoir celle du congé. *Voyez* PLANCHE 4, pour la projection de l'ombre portée de ces mêmes moulures sur un mur contre lequel elles seraient appuyées.

FIGURE 7. Ce même profil, privé de lumière, n'a de différence pour son effet que dans le quart de rond, dont la force de teinte est par le haut A, et fondue par le bas B, la baguette et le filet au dessous étant les mêmes que pour la figure précédente, où ces moulures sont également dans l'ombre. Mais l'effet de ces moulures, en général, doit être moins prononcé, en ce que la lumière qu'elles reçoivent n'est produite que par reflet, tandis que, dans le premier profil, les ombres sont opposées à une lumière vive. Le larmier C porte une teinte unie reflétée sous le congé D.

FIGURE 8. *Ombre portée d'un réglet* A *sur un talon* B, *celle de la saillie convexe du talon même sur la partie concave* C, *jusque sur la face qu'il couronne* D. — Suivant que cette moulure est plus ou moins penchée ou droite, la partie saillante ne projette pas quelquefois son ombre de manière à couvrir entièrement sa base, comme dans la fig. 1<sup>re</sup> de la planche 5. La force de teinte, ici, est sur la partie convexe, au point où touche la ligne de 45 degrés; elle se fond vers le clair, et s'étend davantage vers le bas, déjà couvert d'une première teinte.

FIGURE 9. *Talon dans l'ombre*, dont la teinte est forcée par le haut et par le bas, le reflet ne frappant que sur la jonction de la partie concave à la partie convexe A, en se fondant, vers le haut et le bas, avec les parties privées de reflets par leur forme naturelle.

FIGURE 10. *Cavet.* — Cette moulure porte toujours la même ombre, nécessitée par sa forme, qui est un quart de cercle renversé, et que l'angle de 45 degrés prive entièrement de lumière. La teinte est ferme par le bas, et reflétée par le haut.

FIGURE 11. *Ombre d'un Tore et d'une Baguette.* — Le point d'où part l'ombre est celui même pris du centre du demi-cercle A, conduit par 45 degrés vers son contour B. Leur effet, privé de lumière, est le même proportionnellement que celui pour les baguettes des figures 6 et 7.

# PLANCHE 3.

## DES OMBRES PORTÉES ET REFLÉTÉES.

**Figure 1re.** *Ombre portée d'une Console.* — Après avoir dessiné votre console, quelque forme que vous lui donniez, il faut diviser son profil en plusieurs points, tels que 1, 2, 3, 4, et les reporter sur sa face; ensuite en faire le plan au dessous, sur lequel, au moyen du profil, vous marquez les différentes saillies et les points déjà indiqués. Cela fait, vous projetez toutes les lignes par 45 degrés sur le mur lui servant d'appui; vous les relevez ensuite perpendiculairement; vous abaissez de même, par 45 degrés, sur la face, les points que vous y avez déjà marqués d'après le profil. Où ces mêmes lignes, par leur intersection, viendront couper celles relevées sur le plan, là seront les points qui doivent dessiner votre ombre. Pour celle de la saillie de la volute du bas de la console, nous renvoyons à la figure 8 de la planche 1re, où le contour du cercle, qui est dans la même position par son profil, indique les moyens de l'obtenir.

**Figure 2.** *Ombre portée des Modillons.* — Comme c'est toujours par les profils des moulures que l'on projette leurs ombres sur les corps qui se troûvent être placés au dessous d'eux, il est facile de voir ici qu'en posant son équerre, dont l'angle transversal est de 45 degrés d'inclinaison sous l'angle du larmier A, tout ce qui se trouve sous ce même angle est privé de lumière, et que l'ombre va se reposer sur la frise. Ensuite, la partie du modillon qui échappe à cette ombre par sa propre saillie au dessous, en porte elle-même une autre qui se lie à la première, et qui présente par sa masse les parties renvoyées par la lumière. (*Voyez* le profil du modillon *a*, sa face *b*, les coussinets *c*, la feuille *e*, *d* et *f*, projetés sur la frise, par ces parties frappées de lumière, sur le modillon placé sous le larmier.) Les denticules sous le quart de rond, comme dans la corniche corinthienne, étant naturellement dans l'ombre, il faut que leur teinte unie soit reflétée d'une demi-teinte sur leur bord opposé au jour, ainsi que par le bas, comme l'indique la face du fond des modillons, et leurs métochés, d'une autre teinte dégradée de celle du même fond, pour les détacher les unes des autres.

**Figure 3.** *Plan d'un Cylindre, ou du Fût d'une colonne.* — L'élévation présente deux exemples: l'un des cylindres, celui du haut, porte un tailloir carré, et l'autre, celui du bas, une moulure circulaire saillante sur le fût. Pour avoir l'ombre portée de ces différentes figures, il faut d'abord tracer parallèlement à la diagonale *a* sur le plan, des lignes telles que *b c d*, et les relever sur le tailloir du haut en *a b c d*; ensuite, de leur extrémité inférieure sur le tailloir, en projeter des lignes à 45 degrés; relever ensuite sur le plan les points *e f g h*, et leur point d'intersection vous donnera l'angle du tailloir sur le fût (1), et la courbe de l'ombre viendra se fondre avec celle même du cylindre

---

(1) L'angle *a*, qui porte son ombre au point *e* sur le fût, et que j'ai exprimé ici par une ligne droite, du point *i* au point *e*, forme cependant vers le haut, dans le milieu de son espace, une légère courbe que l'on peut observer dans les détails plus en grand.

relevé sur la diagonale au point *h*. La même opération se répète pour la moulure ronde sur le second fût, avec cette différence que, pour ce dernier, vous prenez vos premiers points sur le diamètre du cercle de la moulure, tels qu'en *i k l m n o*, que vous projetez de même par 45 degrés, et les mêmes points relevés du plan sur la moulure, et abaissés sur le fût en *e f g h n o*, vous donnent à leur intersection ceux du contour de votre ombre. Ces ombres sur le cylindre doivent être franches sur leur bord, fondues du côté du jour, fermes au milieu et adoucies de l'autre côté, et pénétrer celle perpendiculaire du cylindre même, qui doit se fondre légèrement avec le jour, et se dégrader en reflet à son opposé.

FIGURE 4. *Ombres des Niches, des Culs de four, des Cannelures et des Coupes de voûtes sphériques.* — Après avoir fait le trait de votre voûte et de son plan, FIGURE 5, suivant la grandeur ou la proportion que vous aurez voulue, à partir de la ligne horizontale A B, qui, coupant l'axe perpendiculaire de la voûte, lui sert de point de centre, vous divisez son contour d'A en B en huit parties égales, telles que C D E F G H I jusqu'à B, dont vous descendez les points C D E sur la ligne K L de votre plan ; vous les porterez ensuite diagonalement sur le contour de votre cercle de F en L ; puis, sur votre élévation, vous ferez passer d'autres diagonales des points A C D E F et G, et du point C, la ligne projetée sur votre plan, vous élevez une perpendiculaire, dont la rencontre à celle du même point sur votre élévation vous indiquera la première portion du contour de votre ombre, le point D ensuite. Mais ici, au point E, sa marche change, et tend à se raccourcir, par la raison que la voûte s'avançant en s'élevant, l'ombre se raccourcit de même en proportion de sa retombée. Alors, pour avoir le contour de l'ombre naturelle, et rejoindre les points déjà fixés, il faut rapporter sur le plan de F en L les points E et D, que vous prolongez sur le cercle parallèlement à ceux déjà portés, et que vous numéroterez, pour les distinguer, par 1, 2, 3. Ensuite, du point 2 sur le cercle du plan, vous élèverez une perpendiculaire, et où cette perpendiculaire coupera la diagonale G sur l'évalation, vous tirerez une horizontale joignant le cercle de la niche au point 5, duquel point vous descendrez une perpendiculaire sur la base du plan *o* du centre F ; par ce point *o*, vous conduirez une portion de cercle jusqu'à la rencontre de la ligne E 2, vous la releverez perpendiculairement, et où, sur l'élévation, elle viendra toucher la diagonale G, là sera le point fixé de la plus grande saillie de votre ombre, que vous conduirez au point H, où elle prend naissance par 45 degrés. Ensuite, pour avoir en descendant la continuité de la courbe de l'ombre, du point F 3, sur le plan, vous élèverez une perpendiculaire, et du point où elle coupera la diagonale F, vous renverrez une horizontale sur le cercle au point 6, de là vous descendrez une ligne sur la base du plan au point 4, et de ce point vous décrirez une portion de cercle qui, venant couper la diagonale F 3, et relevant ce point perpendiculairement jusqu'à la rencontre de la diagonale F sur l'élévation, vous aurez le second point par lequel doit passer votre courbe. Le dernier point E, pris sur le plan comme sur l'élévation, se trouvant par la même méthode que les deux autres, il est aisé de s'en rendre compte sans autre indication.

**FIGURE 5.** *Ombre portée d'une demi-partie circulaire, isolée et découverte, ou se rattachant par moitié à quelque place ou édifice quelconque*, le principe étant le même pour tous. — Sur le plan figure 5, qui a servi pour tracer l'ombre de la niche, vous doublerez du côte K F les quatre divisions, ce qui vous en donnera huit ; ensuite vous les abaisserez verticalement sur la figure 6, de l'extrémité de laquelle M vous conduirez une ligne par 45 degrés, venant tomber sur son axe en N. Celle déjà descendue, marquée *d* sur la même ligne horizontale M de votre élévation, vous donnera le point qui sépare, à cette hauteur, l'ombre de la lumière, et de là, menant ensuite les autres points *c b a* parallèlement à la ligne M et N, où elles couperont les perpendiculaires *e f g*, vous ferez passer la courbe de votre ombre. L'ombre portée de la coupe horizontale d'une voûte en berceau s'obtient par la même méthode.

**FIGURE 6.** *Ombre portée d'une Niche, ou de toute autre partie demi-cylindrique recouverte d'une plate-bande.* — L'ombre du haut de cette figure se prend de la moitié de sa largeur, et s'abaisse circulairement sur l'axe de son centre *a b c*, dont l'autre moitié est privée de lumière. (*Voyez* le plan FIG. 5, A F.)

**FIGURE 7.** *Autre partie renfoncée carrément et recouverte d'une plate-bande*, dont l'ombre portée est égale à la profondeur donnée par le plan, pour sa partie verticale comme pour celle horizontale.

# PLANCHE 4.

### DES OMBRES DES ARCADES ET DES CORPS CYLINDRIQUES.

**FIGURE 1ʳᵉ.** *Ombres portées d'un Perron, et celles d'arcades en retraite sur un avant-corps.* — Le plan une fois établi et votre élévation arrêtée, vous en projetterez sur le plan, toujours par 45 degrés, toutes les saillies sur le mur qui leur sert de fond, comme sur cette figure en A B ; ensuite, sur votre élévation, vous en ferez de même *a b*, et sur le plan vous releverez perpendiculairement toutes vos projections où elles touchent sur le mur de fond, et leur intersection sur celles projetées par votre élévation vous donnera, par leur point, la place et la figure des ombres. Pour la pile C, nous avons marqué l'indication de l'effet de l'ombre que projette son profil D. L'ombre du perron E se prend du plan et de l'élévation telle qu'elle est indiquée. L'ombre verticale d'un avant-corps F sur un arrière-corps G ressaute sur chaque partie saillante, suivant la forme du profil H, sur lequel elle passe.

**FIGURE 2.** *Ombre portée d'une Scotie par le filet qui la couronne.* — Après avoir tracé la diagonale A B sur le plan, et les parallèles C D E F G H, et les avoir relevés suivant chacun leur point, sur le filet du haut I 2 et sur celui du bas K 1 de la scotie, vous répéterez la même chose sur la ligne servant de centre L 3, au cavet du haut M, et celui renversé qui s'y lie par le haut et par le bas N, et sur celle que vous aurez ajoutée O 4, dont vous aurez marqué le diamètre sur votre plan P. Pour en obtenir en élévation, avec justesse, les différens galbes dont vous avez besoin pour votre opération. Ensuite, en abaissant des lignes par 45 degrés, prises de l'extrémité inférieure de votre filet du haut, que vous aurez relevé par les parallèles C D A E F G et H, sur le cercle chiffré 2. Où ces lignes couperont chaque profil, là seront les points par lesquels votre ombre devra passer. Cette ombre doit être franche sur ses bords et fondue vers le haut, de même qu'aux deux extrémités, pour rappeler, par les reflets, la forme circulaire de la moulure, ce qu'on obtient en tenant, de la diagonale au point 3 à la diagonale opposée, la teinte un peu plus ferme, et en la dégradant de droite et de gauche. C'est le même principe pour toute ombre projetée par les mêmes formes de moulures.

**FIGURE 3.** *Ombre portée de la Base dorique, plan et élévation.* — Après avoir dessiné le plan et l'élévation de votre base, vous tracerez sur votre plan les lignes parallèles à la diagonale A B, de la même manière qu'elles ont été indiquées pour la scotie, afin de pouvoir, de même sur le tore de la base, en répéter le profil exact et suivant le relevé sur le plan. Ensuite, vous tracerez, sur le profil de votre tore, une ligne à 45 degrés A *a*, qui vous donnera, par un angle croisé pris du centre de son contour *b* jusqu'à l'extrémité du socle qui est à plomb de sa saillie *c*, le vrai point où commence l'ombre; et après en avoir prolongé la ligne parallèlement à l'axe horizontal du tore, vous descendrez verticalement, sur votre plan, les points *d e;* puis, prenant du centre le diamètre de votre tore, vous poserez un des points de la même ouverture de compas au point *d*, et l'autre sur sa rencontre à la diagonale *f*, qui, à cette intersection, devient le centre de cette portion de cercle que vous décrirez comme il est indiqué. Vous répéterez la même opération pour le point *e* jusqu'en *g ;* où ces deux courbes seront coupées par chaque diagonale sur le plan 1, 2, 3, 4, et relevées ensuite sur chaque profil, vous aurez le passage exact de la ligne d'ombre. L'ombre du fût de la colonne est suffisamment indiquée par la figure, celle du congé coulant sur la ceinture de la colonne, celles enfin de la baguette et du tore sur le plan, dont l'axe égal à leur diamètre, mais pris en dehors du centre du fût égal à *f*, ou au dessous de ce même centre *h*, coupant la diagonale et indiquant l'ombre que porte la baguette sur le tore et la ceinture sur la baguette, donne la réunion de leur projection *i*. Il faut observer que ce tracé des ombres en marque l'endroit le plus prononcé, mais qu'elles doivent être fondues légèrement vers le côté du jour, et d'une manière plus étendue et en demi-teinte sous l'ombre même.

**FIGURE 4.** *Ombre portée du Chapiteau dorique, plan et élévation.* — Votre plan et votre élévation tracés, ainsi que votre diagonale, sur le plan, vous prolongerez une ligne par 45 degrés prise sous le tailloir de votre chapiteau, comme en A B, pour connaître la portée de l'ombre de l'angle du même tailloir, dont le point fixe vous sera indiqué par la perpendiculaire C, élevée sur la diagonale *c* du diamètre de votre fût sur le plan. Ensuite, sur votre élévation, menant une parallèle à la ligne A B sur le contour D du quart de rond prolongée jusques en E, la ligne d'équerre F partant du centre de votre quart de rond vous donnera le point exact où la lumière cesse. De là vous prolongerez une ligne passant au centre G du même quart de rond, dont la hauteur de l'ombre est la même à ce point qu'au point D. Le profil 1, pris sur la diagonale du plan 2, indique le point le plus bas de l'ombre, quand cette moulure n'est pas recouverte par un tailloir, mais dont il faut se rendre compte pour le passage de la ligne de D G T jusqu'au point 3. Ensuite, du point D, vous abaisserez une perpendiculaire au point H sur le plan; vous prendrez de là l'axe du contour de votre quart de rond du point I au point K, dont vous porterez une des pointes de la même ouverture de compas sur le point H, et l'autre sur la diagonale au point L; de ce point vous décrirez la portion du cercle indiquant la course de l'ombre. Le point M vous sera donné par la perpendiculaire abaissée du point où l'ombre du tailloir vient couper celle du quart de rond par le relevé du profil de la diagonale N sur le plan. De la lettre M, vous mènerez une parallèle à la ligne horizontale, où elle coupera la diagonale; vous l'abaisserez perpendiculairement au point O; vous porterez la même distance prise de la ligne du centre P en R, pour connaître ces deux parties de lumière sur le plan, et que vous reporterez sur l'élévation; parties qui vous sont données par le relevé même du profil D, par la diagonale A B, et du point S correspondant au point T sur le quart de rond.

L'ombre portée par l'astragale sur le fût se trouve par la même méthode que celle pour le cavet, FIG. 2. Celles du gorgerin et des filets au dessus sont suffisamment indiquées par les rapports du plan avec l'élévation, et il n'est pas nécessaire de les détailler davantage. On observera que toutes ces ombres, excepté le quart de rond et la baguette, sont tranchantes vers le point de lumière, et se fondent en demi-teintes avec les parties opposées qui en sont privées.

## PLANCHE 5.

### DES OMBRES PORTÉES DES CORPS ISOLÉS, ET DES CORPS SAILLANS SUR DES ARRIÈRE-CORPS.

FIGURE 1re. *Portion de la Corniche toscane, projetant son ombre sur un mur en arrière-corps.* — Le plan-plafond A des moulures est ici nécessaire pour avoir la projection de leurs différentes saillies; le carré B C D E, par lequel passe la diagonale de B en D, donne celle de la moulure la plus saillante. Cette diagonale du carré ou angle de 45 degrés est la base de la portée des ombres, soit en plan, soit en élévation; toutes les autres saillies ou points intermédiaires F s'y abaissent parallèlement. Ensuite, à l'endroit où toutes ces projections de saillies viennent toucher le mur G, vous les élevez perpendiculairement. De là vous abaissez, de même que sur votre plan, par la diagonale du carré, la saillie des moulures apparentes H, et les points intermédiaires F et ceux que projettent les ombres; et là, par leur intersection, où elles viennent couper les perpendiculaires I, relevées sur le plan, c'est aussi là que doivent s'arrêter et se profiler leurs projections. Ces points F, que nous nommons intermédiaires, sont ici nécessaires pour donner le vrai contour des moulures éclairées, dans quelque partie que ce soit, dans les ombres que l'on trace.

FIGURE 2. *Projection des ombres d'une portion de la Corniche ionique.* — Pour celles particulières aux moulures, *voyez* la PL. 2, *fig.* 4, et pour la projection de l'ombre portée

des moulures, nous y avons reporté les mêmes lettres que pour la fig. 1<sup>re</sup>, et elles suffi-
ront pour l'expliquer. Nous dirons seulement que la teinte sur le mur doit être ferme,
sans dureté, pour en détacher les moulures, et être adoucie vers l'extrémité opposée.

**Figure 3.** Cette figure présente *un Obélisque élevé sur un soubassement, et dont la
base de l'un des côtés touche le pied du mur, et s'en isole par le haut en raison de sa
diminution.* — Il faut dessiner sur votre plan toutes les parties qui doivent projeter leur
ombre, ensuite les reporter exactement sur votre élévation. La largeur de l'ombre portée
du soubassement A est déterminée par la hauteur B du soubassement même, projeté
par 45 degrés en C. L'ombre de l'obélisque, dont la forme va en diminuant vers le haut,
ne serait pas exacte si on la projetait, par 45 degrés, du point D au point E, sur la
ligne de terre, comme on le voit exprimé par des points. Il faut alors, pour sa régularité, du point F au point D, sur le plan, décrire un demi-cercle passant en E jusqu'à G,
perpendiculaire élevée de la base, et descendre sur le plan, en I, la différence qu'il
y a de G à H sur l'élévation, différence que donne l'inclinaison de la ligne de l'obélisque
qui s'élève en diminuant de sa base à son extrémité. Alors du point I, vous projetez
votre ombre sur la ligne de terre, et de ce point au point D vous portez une ligne qui
vous donne exactement la forme de votre ombre. Le reste s'explique facilement par la
projection des lignes sur le plan, relevées ensuite pour l'élévation.

Le vase placé au dessus de l'obélisque, comme simple ornement, projette son ombre
par la même méthode que pour toutes les parties circulaires dont les ellipses s'inscrivent
dans des parallélogrammes, par le moyen desquels on n'opère dans ce cas que pour obtenir les plus fortes saillies, telles que *a, b, c, d.* ( *Voyez* Pl. 1<sup>re</sup> ).

**Figure 4.** *Ombre portée d'un Fût de colonne, élevé sur un dé ou socle; le haut du fût
porte un tailloir.* — La colonne étant assez isolée du mur qui lui sert de fond, permet
ici la projection horizontale de l'ombre du socle et d'une partie du fût jusqu'à son arrivée
au pied du mur, sur lequel elle se peint et s'élève alors verticalement. Après avoir dessiné
votre colonne, et tracé sur le plan son diamètre inférieur et celui supérieur, le carré
de son tailloir, ainsi que le socle sur lequel elle est assise, vous prolongez les deux lignes
A et B par 45 degrés; vous abaissez par le même angle sur l'élévation des lignes C D,
dont la projection ici sur la ligne de terre est égale à la hauteur du socle; vous les descendez ensuite perpendiculairement à la rencontre des projections *a b*, ce qui détermine
la figure de l'ombre de votre socle. De là vous prolongez la diagonale E sur le plan,
jusqu'à la ligne du mur F, que vous relevez perpendiculairement dans toute la hauteur
de l'ombre de la colonne G. Ensuite du point H, vous élevez une ligne par 45 degrés,
passant au point I et K sur le fût de la colonne, desquels points vous renvoyez des lignes
horizontales sur chaque côté opposé L M. Vous abaissez ensuite parallèlement à la ligne
K I H la ligne de centre N, et la ligne M jusqu'à la ligne de terre O. Au point P, intersection de la perpendiculaire H G avec M O, vous menez une ligne horizontale jusqu'au
point Q, ce qui vous donne la projection des arrêtes du carré ou parallélogramme dans
lequel doit être inscrit le diamètre de votre colonne à cette hauteur, relativement à sa
diminution sur la terre; au point où elle touche le pied du mur pour s'élever ensuite

perpendiculairement sur ce même mur. C'est alors qu'en abaissant une ligne du point L
à celle du centre R sur le plan, vous conduisez de là une portion de cercle jusque sur la
diagonale cote B, et de ce point vous menez une ligne parallèle à la diagonale du centre
jusqu'au pied du mur *l;* ensuite, de ce même point, vous posez votre règle sur le diamètre
de la base du côté B, dont la ligne prolongée vers le point *l* vous donne à cette partie la
diminution de votre fût, que vous relevez ensuite perpendiculairement sur la ligne de terre.
De là, revenant au point M sur l'élévation, vous répéterez la même opération à l'opposé
de la première, du côté A sur le plan, qui vous donnera le même résultat pour la diminution du fût, mais plus prolongé de ce côté *m.* Ensuite, pour vérifier ce principe, après
avoir fait passer une diagonale de O à Q, où elle coupera la ligne centrale H P G, vous tracerez une horizontale qui vous donnera, en touchant les deux côtés du carré, la largeur du
diamètre de votre fût, les deux autres étant déjà trouvés par la ligne N prolongée sur la ligne
de terre. La ligne *l* sur le mur, conduite verticalement sur la diagonale Q *l,* et renvoyée
horizontalement sur la ligne de centre, la ligne *m* également sur la diagonale O *m,* vous
donneront les points nécessaires par lesquels vous ferez passer le diamètre ou la largeur
de votre ombre sur le sol au pied du mur. L'ombre du tailloir S, sur le fût, se voit plus
en grand sur la planche 2, et nous y renvoyons. Celle du même tailloir, projetée sur
celle du fût, est bien simple; il faut, pour l'obtenir, abaisser de l'angle T une ligne à
45 degrés jusqu'en G et *t,* sur la ligne de centre; du point G renvoyer une horizontale
à V, puis conduire parallèlement à T G *t* les points U V *v,* ce qui vous donnera le parallélogramme V G *v t,* forme de son ombre. Vous y joindrez son épaisseur, qui formera
de même un autre parallélogramme; ensuite, des points *y x,* extrémités de votre fût sous
votre tailloir, il vous sera facile d'inscrire votre diamètre à cette hauteur pour sa diminution, la méthode étant la même que pour celui du bas. Lorsque vous avez plusieurs
colonnes de face formant un portique, et, par conséquent, liées entre elles par un soffite
d'architrave, vous abaissez alors une ligne du point 1 sur le tailloir, au point 2 sur l'axe
de l'ombre que vous renvoyez de ce point, parallèlement au soffite 3. Ainsi toute la
partie 4 se trouve dans l'ombre; il ne vous reste de celle de votre tailloir que la partie V
se fondant sur celle du fût, et de l'autre côté la partie *t* qui s'y rattache de même.


# PLANCHE 6.

### DIVERS DÉTAILS D'OMBRES APPLICABLES ET VARIÉES.

**Figure I<sup>re</sup>.** *Ombre portée des moulures du Chapiteau toscan, et la projection de
l'ombre de son ensemble sur un mur.* — Pour ne point nous répéter pour la méthode
d'ombrer ce chapiteau, nous renvoyons à la planche 4, qui présente un chapiteau dorique.
Le toscan, plus simple dans ses moulures, mais formé, comme le premier, d'un tailloir,
d'un quart de rond, d'un filet et d'un astragale, est subordonné aux mêmes règles; et les
projections qui lui sont propres étant exprimées sur le chapiteau A et sur son plan B, il
est facile de s'en rendre compte.

**Figure 2.** Pour dessiner cette ombre, après avoir déterminé l'axe *c d,* il faut y abaisser les hauteurs des différens membres du chapiteau, dont la ligne oblique par 45 degrés $ce$, exprime le retour d'équerre, et la ligne $cf$ la partie vue de face, et dont une autre ligne oblique et parallèle à $ce$, partant du point $f$ jusqu'à l'axe $cd$, et conduite de ce point d'intersection parallèlement à $fc$ jusqu'à $e$, vous donne l'ombre portée de l'extrémité du tailloir $gh$ sur l'élévation. Tous les autres points donnés par les différentes hauteurs et saillies des moulures, abaissés de même sur l'axe $cd$ et renvoyés à droite et à gauche, vous donnent tous les parallélogrammes dont vous avez besoin pour déterminer l'ombre des carrés comme celle des moulures circulaires, qui sont elles-mêmes inscrites dans les parallélogrammes ( *voyez* PLANCHE Iʳᵉ ). Les moulures les plus saillantes, telles que la baguette de l'astragale, et particulièrement celle du quart de rond, qui, sous le tailloir, reçoit de la lumière, demande pour cette partie une projection particulière, telle que nous l'avons indiquée par une ponctuation plus distincte donnée par le point $i$, dont l'ellipse, dans la projection de l'ombre, coupe la ligne de dessous du tailloir, au point $k$ et $l$. Pour l'ombre d'un pilastre, il faudrait élever perpendiculairement l'extrémité des parallélogrammes $m$ et $n$; celle des points $o$ et $p$ donne la saillie de l'astragale, et celle $q$ et $r$, sous le tailloir, la naissance du quart de rond. ( *Voyez* FIGURE 11, où sont tracés le profil et l'ombre portée de ce pilastre. )

FIGURE 3. *Ombre portée de l'extrémité supérieure du tailloir d'un Chapiteau corinthien et composite.* — Après avoir fait le plan du tailloir suivant les mesures données pour cette partie du chapiteau, et en avoir relevé les différens points, tant de l'échancrure de ses angles que des faces concaves adoptées pour sa forme, et les avoir relevés en A et B, qui représentent une ligne de face du tailloir, vous projetez également vos lignes par les points du plan, comme par ceux que vous avez marqués sur la ligne horizontale d'élévation A B. Le reste se conçoit, la méthode pour parvenir à tracer cette figure dérivant de celles indiquées planche Iʳᵉ; l'ombre des feuilles se trouve au moyen des ellipses, la saillie des volutes par leur position sur le plan, et leur hauteur en élévation par les mêmes projections que pour les volutes ioniques. ( *Voyez* les Figures suiv. )

FIGURE 4. *Ombre d'un Chapiteau ionique vu de face.* — Les ombres des moulures se projettent par la même méthode que celles des autres chapiteaux. Celle de la volute sur le fût se prend ainsi : Vous abaissez et vous prolongez sur la ligne du contour extérieur de la volute, à partir de la cathète, les points qui servent de centre à chaque révolution $abc$, et vous portez sur le même contour la diagonale de chacun des points nécessaires $de$ pour la limite de vos ombres, dont les mêmes points relevés sur le plan, et projetés sur le fût, vous donnent la détermination, en suivant l'indication des lettres de renvoi sur chaque partie.

FIGURE 5. *Ombre portée sur un mur, par le même Chapiteau ionique.* — La projection de l'ombre de ce chapiteau se fait par la même méthode que celle de la Figure 2, même planche. Les volutes s'inscrivent dans un carré relevé sur le chapiteau vu de face A B C, qui, de même prolongées sur l'axe D E, se reportent ensuite à droite et à gauche, pour les former en regard. L'épaisseur des bandeaux est donnée par la pénétration des deux contours au point où ils se croisent. L'ombre de la ceinture se prend du profil indiqué sur l'élévation F, sa naissance H, et sa base du milieu de chaque espace, tant des volutes que de celui pris sous le talon du tailloir. Les lettres I et K indiquent la largeur de l'ombre d'un pilastre et de celle des volutes, leur projection étant la même que pour celle des colonnes, les volutes y étant adaptées dans les mêmes rapports de proportion et de saillie.

FIGURE 6. *Ombre d'un Chapiteau ionique vu latéralement.* — Cette ombre se projette par la même méthode que celle d'un chapiteau vu de face, quant aux points principaux *a b c d e*, indiqué sur le profil de la volute et sur le plan. Les coussinets se relèvent par les points marqués 1 et 2, pris sur la diagonale de leur contour au point de leur ombre, sur le plan comme sur l'élévation, pour en avoir la forme exacte.

FIGURE 7. *Ombres intérieure et extérieure d'un Filet ou Bandeau circulaire, portant saillie,* dont le centre des contours se prend de la saillie même portée diagonalement sur le fond, et vient s'arrêter sur chacun des cercles, à l'intérieur comme à l'extérieur, à la diagonale du centre A B. Cette figure indique comment doivent être exprimées les ombres des filets qui forment la spirale des volutes.

FIGURE 8. *Ombre portée d'une Corniche sur un pan coupé.* — Comme le pan coupé se trouve, par sa position, faire face à l'angle de 45 degrés, la partie la plus saillante de la corniche ne peut y projeter son ombre que de la diagonale du cube de la saillie, comme nous l'avons indiqué, sur le plan et sur l'élévation, par les lettres *a b c d*, et doit se prolonger ensuite de chaque côté, sur les autres faces perpendiculaires, jusqu'à l'ombre qui leur est naturelle par l'effet de la saillie qui couronne le même pan coupé. Cet effet deviendra plus sensible si vous prolongez la face du pan même sur les lignes diagonales portées des angles A B de la corniche sur les murs de face C D. Ceci explique aussi comment l'ombre, sous la ceinture qui fait partie de l'astragale d'une colonne, porte une ombre moindre sous la diagonale éclairée de son diamètre que sur sa face et sur son profil, points qui, tous deux, se correspondent dans toutes les ombres portées par des parties saillantes circulaires sur les corps inférieurs. (*Voyez* PL. 2, Fig. 3, et PL. 4, Fig. 2, 3 et 4.)

FIGURE 9. *Modillons placés sous un larmier, et projetant leur ombre sur une frise ou sur un mur.* — La diagonale A B montre la projection du larmier, et celle C D la projection des modillons.

FIGURE 10. *Ombre portée par un Larmier* A, *sur une Frise* B, *ornée de triglyphes* C. — Quant aux gouttes placées sous le réglet de l'architrave, *voyez* PL. 1ʳᵉ, Fig. 1ʳᵉ, leur forme élevée en cône projette leur ombre parallèlement à leur inclinaison.

FIGURE 11. *Plan, profil et ombre portée d'un Chapiteau de pilastre toscan.*

FIGURE 12. *Profil et ombre portée de la Base d'un pilastre toscan.*


FIN DU TRACÉ DES OMBRES.

# LE VIGNOLE

# DES ARCHITECTES

### ET

## DES ÉLÈVES EN ARCHITECTURE.

---

## SUR LES ORDRES D'ARCHITECTURE. [1]

---

LA nécessité, mère de l'industrie, donna naissance à l'architecture. Il fallut des abris aux hommes, nés trop faibles pour résister à l'intempérie des saisons. D'abord les cavernes, monumens des convulsions de la nature, leur servirent d'asile ; mais, par suite, elles ne suffirent plus pour les contenir tous. Ces mêmes hommes se dispersèrent, se formèrent en tribus, se nommèrent des chefs. Las d'habiter de chétives huttes sous lesquelles ils étaient à peine en sûreté, et que les vents en furie emportaient souvent au loin, ils pensèrent à en construire de plus solides. Les forêts furent mises à contribution ; les corps des arbres devinrent des piliers ou des colonnes, les pièces de bois qui les liaient ensemble des architraves, celles qui les recouvraient des frises, et la toiture enfin servit d'entablement, dont l'extrémité des chevrons forma des modillons. L'œil observateur du génie découvrit dans ces masses informes, et tout-à-fait dans l'enfance de l'art, le

---

(1) Ordre, ici, signifie *caractère*. Les cinq Ordres en présentent cinq différens, qu'on peut appliquer suivant l'usage auquel on destine son bâtiment.

*Le Toscan*, pour les édifices qui tiennent à la marine, aux arsenaux, aux casernes, aux prisons, aux grottes et fontaines, aux bains et aux halles.

*Le Dorique*, pour les temples, les palais de justice, les maisons de commerce, de banque, les bains publics, et tout ce qui demande un caractère de stabilité et de confiance, dont les signes peuvent être exprimés dans la frise de l'entablement, entre les triglyphes.

*L'Ionique*, pour les maisons de plaisance, les hôtels ou petits palais, et les intérieurs.

*Le Corinthien*, pour les grands palais, soit royaux ou publics, ou tout ce qui porte ce nom, et qui demande de la grandeur, de l'élégance, un certain luxe et de la magnificence.

*Le Composite*, pour les intérieurs, comme les cours, les vestibules, les galeries, etc., des mêmes palais, mais non en premier ordre, le Corinthien lui devant être préféré.

2

principe de choses qui, mieux combinées, plus régulières dans leur ensemble, produi-
raient aussi un plus grand effet. Dès-lors, on distingua l'habitation du chef d'avec celle
des sujets; et, par succession de tems, ces simples demeures devinrent des palais. La
pierre, le marbre, prirent la place du bois, qui ne devint lui-même que secondaire,
mais toujours utile. Il fallut orner ces nouvelles colonnes, faites de pierre ou de marbre,
qui venaient de remplacer le corps des arbres : la coiffure d'une jeune fille donna l'idée
du chapiteau ionique ; Callimaque vit naître le chapiteau corinthien (1). C'est d'après les
modèles que nous ont laissés les architectes de l'antiquité, que les modernes ont essayé
d'établir, pour ces ordres de colonnes, des règles, sinon invariables, au moins assez
bien entendues, par leurs rapports dans les mesures, pour en faire un corps d'ouvrage
classique. Celui de J.-B. DE VIGNOLE, pour l'usage habituel, a paru le mieux raisonné
et le plus en harmonie avec ses modèles ; c'est pourquoi il a été adopté de préférence,
et, depuis ce tems, ceux qui se destinaient et se destinent encore à l'Architecture ont
toujours commencé par le dessin des cinq Ordres, quoique beaucoup de ces personnes
n'aient jamais eu l'occasion de faire exécuter une colonne. De là vient, sans doute,
qu'on a avancé que l'étude de cet art ne devait pas être basée sur les parties qui ne lui
étaient pas essentielles ; que les cinq Ordres étaient sans doute un des principaux ornemens des édifices anciens et modernes, mais qu'ils n'étaient pas adoptés par tous les
peuples ; que partout on bâtissait, et que, sans leur secours, beaucoup de palais et de
maisons obtenaient les suffrages des connaisseurs ; qu'il était même absurde de croire
qu'on dût tout leur rapporter, et qu'ils dussent faire une partie fondamentale de l'art.
Ce raisonnement, sans doute, pouvait être bon ; mais, depuis, on n'en commença pas
moins, comme on l'avait fait jusqu'alors, par le dessin des cinq Ordres d'architecture
pour les premières notions dans cet art, non parce qu'on espérait un jour les exécuter,
non parce que même c'était l'habitude, mais parce que les Ordres présentent quelque
chose à votre vue de tout créé, et, pour le justifier, vous n'avez qu'à les tracer sur le
papier pour y voir des formes, du mouvement, le rond opposé au carré, se faisant
valoir l'un par l'autre, des profils agréables, bien combinés, qu'un jour vous pourrez
placer à propos ; puis, pour essayer, vous assemblez quatre ou six colonnes dans leur
distance reçue, que vous couronnez de leur entablement, voilà tout de suite un édifice
qui vous plaît, qui aiguillonne votre désir d'apprendre. Vous placez ensuite en arrière-
corps une muraille percée de simples croisées, cela ajoute un nouveau degré de plaisir
pour votre imagination naissante ; et c'est ainsi que le goût chemine, arrive, se nourrit,
et qu'à des choses simples succèdent sans efforts des choses plus compliquées. Des principes faciles d'abord, et qui vous plaisent, les combinaisons suivront de source. Les
Ordres ont cela de bon qu'ils vous auront mis des rapports de proportions dans la tête :
le piédestal deviendra un soubassement, la hauteur de la colonne une face de mur que
vous décorerez de croisées ou d'arcades, et que vous surmonterez d'un entablement
complet ou d'une simple corniche ; peut-être même que, suivant la richesse des moulures
et celle de l'ensemble en général, votre bâtiment, par le caractère que vous aurez voulu

(1) Quoique je traduise ici ce qui a été dit souvent, j'ai cru cependant pouvoir le répéter, comme à propos relativement
aux Ordres de colonnes.

lui imposer, dérivera de celui de tel ou tel Ordre (1). Les Ordres vous enseignent encore
à orner une porte, une croisée. Divisez-en les largeurs en six parties égales, et doublez-
les pour la hauteur; prenez ensuite le quart de cette hauteur, qui est trois; mettez-les
en rapport avec un entablement quelconque des Ordres, en le simplifiant de moulures,
l'architrave sera le chambranle servant d'encadrement à la baie; il sera surmonté de la
frise et couronné par la corniche. Voilà, je crois, des rapports avec les Ordres; il en est
de même de ceux-là et de beaucoup d'autres, que l'habitude fait apercevoir et l'étude
mettre en pratique. Ainsi donc on doit commencer l'étude de l'Architecture par le
dessin des cinq Ordres. Voilà des vérités sans éloquence; je les montre au doigt, et
c'est ainsi que, dans les arts, on devrait toujours s'expliquer. Mais, pour en revenir à
ce que j'ai dit plus haut, sans doute il a été un tems où l'on pouvait, où l'on aurait dû
même se passer de l'étude des cinq Ordres, puisque alors on les mutilait, on les encais-
sait, et qu'on formait des faisceaux, si je puis m'exprimer ainsi, de trois et de quatre
colonnes, sous le prétexte de solidité; car le goût dominant d'alors était d'obtenir des
ressauts, des saillies multipliées, ce qu'on appelait donner du mouvement, ce que l'on
pouvait plus justement nommer de l'architecture raboteuse ou ressautée. Pour produire
ces effets, on tourmentait les plans : souvent les entrées, les sorties étaient indirectes;
des biais, des faux-fuyans, étaient employés pour regagner les défauts de liaison et d'ensemble dans la distribution des pièces nécessaires à la localité, et plus un plan présentait
de ces tours de force, et plus il était réputé ingénieux. Mais aujourd'hui l'on est revenu
de tout ce clinquant; plus un plan est simple, au contraire, et plus il est approuvé. Une
façade ne doit briller que par l'ensemble raisonné de tout ce qui la compose, par des
profils purs, sans profusion de détails. Que les Ordres en soient bannis s'ils doivent être
appliqués contre la muraille; ils veulent un plus noble usage.

La cour du Louvre, côté ancien par exemple, a sans doute un caractère particulier,
une disposition raisonnée dans son ensemble, joints à une finesse d'exécution peu commune; mais c'est plutôt, en grande partie, un monument de sculpture auquel on a adapté
de l'architecture, entre lesquelles cependant il règne une certaine harmonie. Mais si vous
reportiez cette même disposition, ce même ensemble sur le côté de la rivière, ou vers
Saint-Germain-l'Auxerrois, vous n'y trouveriez pas le grandiose imposant de la façade
d'un palais. Ces Ordres cumulés les uns sur les autres sont toujours petits; c'est un vice
de les employer comme détail, quand un seul doit dominer : la façade de Perrault vous
démontre qu'il faut de grandes choses pour les grands espaces, mais qu'il faut savoir les
remplir.

Je ne sais si, contre un avis opposé, j'ai justifié le dessin des Ordres d'architecture
comme première base de l'étude du premier des arts; mais au moins j'aime à me per-
suader que je n'ai rien dit à ce sujet dont la pratique puisse nuire à l'avancement de ceux
qui se destinent à son étude.

Je vais maintenant passer à l'explication textuelle des cinq Ordres de colonnes de
J.-B. de Vignole.

---

(1) Voyez planche 33, comme porte corinthienne, et planche 35, comme porte ionique.

# DES CINQ ORDRES

## D'ARCHITECTURE.

### PLANCHE 1re.

Ayant à traiter des cinq Ordres de colonnes, qui sont *le Toscan, le Dorique, l'Ionique, le Corinthien* et *le Composite*, il m'a semblé convenable de les rassembler sur cette planche, et réduits à la même grandeur d'échelle de modules. Mais les mesures particulières de chacun de leurs membres ne pouvant point y être indiquées, nous les donnerons plus en grand sur les planches suivantes.

#### REMARQUE.

Sans déroger au titre de traducteur, j'ai cru pouvoir indiquer tout de suite, sur les deux côtés du cadre de cette planche, la hauteur graduelle de chacun des Ordres, depuis le Toscan jusques au Corinthien, pour faire juger au premier aspect les rapports proportionnels qu'ils ont entre eux, le piédestal, la colonne et l'entablemeut compris. On y voit coté, pour le Corinthien et le Composite, 32 modules; pour l'Ionique, 28 mod. $1/2$; pour le Dorique, 25 mod. $1/3$, et pour le Toscan, 22 mod. $1/2$. Ensuite vous remarquerez que les Ordres se composent de trois parties distinctes, qui sont le piédestal, la colonne et l'entablement. Chacune de ces parties est divisée elle-même en trois autres parties qui sont pour le piédestal, la base, le dé et la corniche, la base, le fût et le chapiteau pour la colonne, et enfin l'architrave, la frise et la corniche pour l'entablement. Les colonnes corinthienne et composite ont dix diamètres de hauteur, les ioniques, neuf diamètres, les doriques, huit diamètres, et les toscanes, sept diamètres. Le module pour le Toscan et le Dorique se divise en douze parties, et celui de l'Ionique, du Corinthien et du Composite en dix-huit parties.

### PLANCHE 2.

#### Entre-Colonne toscan.

N'ayant trouvé, parmi les antiquités de Rome, aucun vestige de l'Ordre toscan d'où j'aie pu tirer une règle, comme je l'ai fait pour les quatre autres, le Dorique, l'Ionique, le Corinthien et le Composite, j'ai dû suivre l'autorité de *Vitruve*, au livre IV, chapitre VII, où il dit que la colonne toscane doit avoir de hauteur sept fois son diamètre, la base et le chapiteau compris. Pour ses autres ornemens, qui sont l'architrave, la frise et la corniche, il m'a paru convenable, pour cet Ordre, d'observer la même règle que j'ai suivie pour les autres, c'est-à-dire de donner à ces trois parties, qui forment l'ensemble de l'entablement, le quart de la hauteur de la colonne, qui est de 14 modules ou 7 diamètres, comme nous l'avons dit plus haut : ce qui fait, pour sa hauteur, 3 mod. $1/2$.

Les mesures particulières de ses membres seront marquées dans les planches qui vont suivre.

**REMARQUE.**

Vignole donne à l'entre-colonnement toscan 4 mod. $^2/_3$, et cet espacement se rapproche de l'eustyle de Vitruve, qui est de 4 mod. $^1/_2$. Au reste, cet Ordre est le plus facile à mettre en œuvre, puisqu'il n'a aucune division dans la frise ni dans la corniche qui puisse gêner pour la distribution de ses entre-colonnes.

Vitruve donne un écartement considérable à ses colonnes du même Ordre, fait le socle de la base rond, et forme l'architrave qui les réunit avec une pièce de bois.

## PLANCHE 3.

### *Portique toscan, sans Piédestal.*

Quand on voudra élever un Ordre toscan sans piédestal, on divisera toute sa hauteur en 17 parties $^1/_2$, que nous appellerons modules; chacun de ces modules sera divisé en douze parties égales. Ces subdivisions serviront à former l'Ordre, et à donner la grandeur de chacun de ses membres en particulier, comme on peut le voir marqué sur la planche, tant en nombres entiers qu'en fractions.

**REMARQUE.**

Vignole, très-succinct dans les articles de chacun de ses Ordres, laisse à penser que son dessein a été de donner de hauteur à ses arcades deux fois leur largeur, règle dont il s'écarte peu dans ses autres Ordres. Ainsi l'arcade se trouve avoir 6 mod. $^1/_2$ de largeur sur 13 modules de hauteur; de sorte qu'il reste encore un module depuis le cintre de l'arcade sous son axe jusqu'au dessous du soffite de l'architrave.

## PLANCHE 4.

### *Portique toscan, avec Piédestal.*

Pour élever le même Ordre avec son piédestal, il faudra diviser la hauteur qu'on aura déterminée en 22 parties $^1/_6$, parce que celle du piédestal doit être du tiers de la hauteur de la colonne, y compris sa base et son chapiteau; et comme la colonne a 14 modules, le tiers pour le piédestal est de 4 mod. $^2/_3$, et l'entablement ayant 3 mod. 6 parties, ce qui, réuni, formera les 22 parties $^1/_6$ de module.

**REMARQUE.**

Ici la largeur du piédestal commande celle des pieds-droits, qui ont un demi-module de plus de chaque côté des colonnes que celle du portique sans piédestal. L'arcade a de même deux fois sa largeur en hauteur, et un module depuis le cintre jusqu'au dessous du soffite de l'architrave, comme pour le précédent portique.

# PLANCHE 5.

### *Piédestal et Base toscans.*

Quoique rarement il arrive qu'on mette des piédestaux sous l'Ordre toscan, cependant j'en donne le dessin pour plus de régularité, et pour le mettre en harmonie avec les autres ordres. J'ai observé comme règle générale de donner au piédestal, sa base et sa corniche, le tiers de la colonne, et pour l'architrave, la frise et la corniche composant l'entablement, le quart de la hauteur de la même colonne. Ceci une fois établi donnera de la facilité pour opérer. Ainsi, pour dessiner cet Ordre et les autres, quand on aura déterminé la hauteur générale, il suffira de la diviser en 19 parties, dont on prendra 4 pour le piédestal, 12 pour la colonne, et les 3 restantes pour l'entablement. Alors la hauteur donnée de la colonne, divisée en 14, sera l'échelle de modules d'après lesquels on établira toutes les parties de l'Ordre, dont le nom de chaque membre est ainsi indiqué :

A fût ou vif de la colonne; B, ceinture; C, tore; D, plinte de la base; E, réglet; F, talon; G, dé du piédestal; H, filet; I, socle et base du piédestal.

### REMARQUE.

Je vais essayer de suppléer au manque d'explication de Vignole, relativement aux 19 parties qui partagent la hauteur totale de ses Ordres, en établissant le nombre de divisions propres à chaque partie; je les ai portées sur les lignes verticales formant le cadre de la planche précédente. La coïncidence de cette dernière mesure avec celle de 22 parties $\frac{1}{6}$, établie pour ce même portique, est peut-être une régularité de plus, mais je ne la trouve régulière que pour le Toscan, le Dorique et l'Ionique, quoiqu'il paraisse l'adapter aux autres Ordres, le Corinthien et le Composite : ce qui se rapporterait pourtant à peu près, si, au lieu de 7 modules de hauteur qu'il donne de préférence à son piédestal, pour plus d'élégance, comme il le remarque lui-même, il ne lui donnait que 6 mod. $\frac{2}{3}$ (1). Mais alors, par la division en 32 modules, pour arriver aux 19 divisions dont ils dépendent, en mettant l'entablement au quart de la colonne, il se trouverait avoir 1 partie $\frac{2}{5}$ de plus en hauteur, qu'on pourrait reporter sur la frise et sur l'architrave, et la colonne, 20 mod. 4 parties $\frac{4}{5}$, ce qui, réuni aux 6 mod. $\frac{2}{3}$, hauteur du piédestal, formerait les 32 modules. (Colonne, 20 mod. 4 part. $\frac{4}{5}$; entablement, 5 mod. 1 part. $\frac{1}{5}$; piédestal, 6 mod. 12 part., font, réunis, 32 modules.)

Mais, par suite de cette remarque, je présente celle-ci. Si l'on voulait, par exemple, conserver la gradation entre les Ordres, il faudrait, au lieu de 32 modules de hauteur totale pour l'Ordre corinthien, ne lui donner que 31 mod. $\frac{2}{3}$; au piédestal, 6 mod. $\frac{1}{3}$; à la colonne, 20 modules, et à l'entablement, 5 modules; alors la ligne serait inclinée sur tous les axes principaux, dont l'espacement est le même, ainsi que le module, comme je l'ai indiqué planche 1re. Cette même ligne, dis-je, passerait également au-dessus des chapiteaux à leur axe E, comme sur celui au-dessus de l'entablement F, et de la corniche des piédestaux D, et la division en 19 parties pour la hauteur totale du principe adopté pour les trois Ordres inférieurs, s'y rapporterait à un cinquième environ au-dessous de la dix-neuvième division.

---

(1) Voyez planche 22, et au texte la Remarque, et la planche 1re, où les cinq Ordres d'architecture sont réunis, et où la division en 32 modules, comme celle en 19 parties, sont également marquées; les 32 modules sur les lignes verticales formant le cadre, et les 19 parties auprès de chaque Ordre.

Voilà donc trois proportions distinctes pour le Corinthien : la première, celle en 32 modules, sans rapport avec celle en 19, indiquée par Vignole, et tracée pl. 1ʳᵉ ; la seconde, les 32 modules en rapport avec les 19 parties, sauf les 6 parties A, retranchées du piédestal, à reporter sur la colonne B, et l'entablement C, le module restant le même ; la troisième, enfin, divisée en 31 mod. ⅔ , et plus basse d'un cinquième de partie au dessous de la dix-neuvième division, indiquée par les lignes inclinées D, E, F, passant du Corinthien au Toscan sur trois points différens, le sommet de la corniche, celui de la colonne et du piédestal.

## PLANCHE 6.

### *Chapiteau et Entablement toscans.*

Après avoir donné, par les planches précédentes, les mesures principales de l'Ordre toscan, je l'ai dessiné ici plus en grand sur cette planche, et sur le même module que la base et le piédestal, afin qu'on puisse mieux y voir les divisions même de ses plus petites moulures, avec la saillie qu'elles doivent avoir. La précision du dessin, jointe aux cotes, en exprime la figure avec la plus grande justesse, ainsi que le nom de chaque membre, par des lettres de renvoi marquées sur chacun d'eux.

A, ove ou quart de rond ; B, baguette ; C, filet ou réglet ; D, larmier ; E, listeau ; F, talon ; G, frise ; H, listel ; I, architrave ; K, listel de l'abaque ; L, abaque ou tailloir ; M, ove ; N, filet ou anneau ; O, gorgerin ; P, astragale ; Q, ceinture ; R, fût ou vif de la colonne.

#### REMARQUE.

La diminution du fût de la colonne pour cet Ordre est de 5 parties sur sa base, qui est de 24, et de 19 sous l'astragale (le gorgerin a le même diamètre, s'élevant droit parallèlement au centre de la colonne). Cette proportion, sans doute, est exacte pour l'entre-colonnement que donne Vignole à cet Ordre ; mais si l'on était obligé de tenir l'espacement plus grand que la mesure qu'il lui assigne, je conseillerais de ne la diminuer que d'un sixième de sa base.

## PLANCHE 7.

### *Entre-Colonne dorique.*

Pour faire la division de cet Ordre sans piédestal, il faut partager sa hauteur en 20 parties. Une de ces parties servira de module, que l'on subdivisera en 12 parties, comme on a fait pour l'Ordre toscan. On donnera un module à la base, y compris la ceinture ; au fût 14 modules, y compris l'astragale, et au chapiteau 1 module. L'entablement, composé de l'architrave, de la frise et de la corniche, aura 4 modules, ce qui fait le quart de la colonne, avec sa base et son chapiteau. On donnera 1 module à l'architrave, 1 module ½ à la frise, et un autre mod. ½ à la corniche, ce qui, joint ensemble, formera les 20 parties ou module dont on aura divisé la hauteur de cet Ordre.

#### REMARQUE.

Cet Ordre est le plus difficile à exécuter, l'entre-colonne étant déterminé par les triglyphes dans la frise, dont les métopes doivent toujours être carrées. J'ai donné, dans mon *Parallèle des Ordres, etc.*, pages 36 et 37, les divers entre-colonnemens que Vitruve assigne aux autres Ordres; mais celui-ci portant sa règle en lui-même, je n'en ai noté qu'un seul, fixé à cinq diamètres d'un axe de colonne à l'autre, pour une façade de quatre colonnes, ce qui ferait croire qu'il ne les isole pas, la plate-bande de l'architrave et tout le poids qu'elle doit supporter n'étant pas exécutable, sans quelque danger, pour un si grand espace. Pour l'entre-colonne de Vignole, on peut, dans certains cas, le réduire à 5 modules d'axe en axe, et n'avoir qu'un triglyphe entre ceux à plomb des colonnes (celui de Vignole en a deux). Il est des cas encore où, l'entablement réduit entre le quart et le cinquième de la colonne, on gagnerait un demi-module environ sur celui de Vignole, dans l'écartement de co-lonnes; mais il faudrait, pour la distribution et les proportions des moulures de l'entablement, un module particulier, et toujours dans les mêmes rapports du quart au cinquième par moitié, c'est-à-dire qu'il faut diviser la colonne en quatre, ensuite en cinq, et la différence du quatre au cinq, prise par la moitié, sera la hauteur de votre entablement, dont vous ferez quatre nouveaux modules, et c'est sur ces nouveaux modules que vous distribuerez vos triglyphes et vos métopes, qui vous donneront l'écartement de vos colonnes, leur module particulier restant toujours le même.

Pour ne point me répéter, j'observerai que cette manière de réduire l'entablement entre le quart et le cinquième peut s'appliquer également aux autres Ordres.

## PLANCHE 8.

### *Portique dorique, sans Piédestal.*

Quand on voudra faire un portique ou une loge d'Ordre ionique, il faudra, comme il a été dit pour la figure précédente, diviser toute la hauteur en 20 parties, dont on formera autant de modules. Ensuite on distribuera ses largeurs de manière qu'il y ait 7 modules d'un pied-droit à l'autre, et 3 modules de largeur pour chacun d'eux. Le vide de l'arcade aura deux fois sa largeur en hauteur, et l'axe de chaque pilier ou pied-droit sera celui de la colonne, sur lequel correspondront les triglyphes, comme on le voit sur la planche. On observera que la colonne doit excéder le pied-droit d'un tiers de module de plus que son demi-diamètre; ce qu'on doit faire ainsi pour que la saillie de l'imposte ne dépasse pas le milieu de l'épaisseur de la colonne. Cette règle sera généralement la même pour tous les Ordres dont les colonnes se trouvent engagées telles que celles-ci.

#### REMARQUE.

Cet entre-colonne est le même que désigne Vitruve, celui du même Ordre au théâtre de Marcellus ( dont quelques-uns croient qu'il est l'auteur), ce qui semble vérifier ce que j'en ai dit en parlant des entre-colonnemens de la planche précédente. La largeur de celui-ci est fixée par les triglyphes, et la proportion donnée pour la hauteur de l'arcade laisse la place d'un ornement, composé de grecques, de postes ou d'une inscription, dans la distance du soffite à l'astragale que Vignole a fait courir d'une colonne à l'autre.

## PLANCHE 9.

### *Portique dorique, avec Piédestal.*

Si l'on veut élever un portique ou une loge d'Ordre dorique, avec des piédestaux, il faut diviser la hauteur donnée en 25 parties 1/3 , dont une servira de module. La distance d'un pied-droit à l'autre sera de 10 modules, et leur largeur de 5 modules, au milieu desquels la colonne sera engagée d'un mod. ¹/₃. Par ces divisions, la distribution des triglyphes et des métopes se trouvera régulière. Le vide de l'arcade aura deux fois sa largeur en hauteur, ou 20 modules. L'épaisseur des piles dépend de la force qu'elles doivent opposer au poids qu'elles sont destinées à supporter.

### REMARQUE.

Cet entre-colonnement ne s'exécute guère que pour les portes de ville, les arcs de triomphe, ou autres grandes ouvertures. Les colonnes ne sont, pour ainsi dire, qu'accessoires par leur grand espacement. Aussi voit-on, pour qu'elles marquent davantage dans certains monumens, l'entablement se profiler sur chacune d'elles, ce qui leur donne un caractère monumental, et on le termine souvent par une statue, comme on peut le voir à l'arc du Carrousel sur un Ordre corinthien.

## PLANCHE 10.

### *Piédestal et Base doriques.*

Le piédestal de l'Ordre dorique doit avoir 5 mod. ¹/₃ de hauteur, et l'imposte et l'archivolte dessinées sur la même planche, chacune un module. Les proportions de chacun de leurs membres, tant en hauteur qu'en saillie, sont cotés, de même que ceux du piédestal et de la base :

A, cannelures à vives arêtes ; B, orle ou ceinture du bas de la colonne, laquelle doit être ainsi nommée pour toutes les colonnes ; C, bâton ou baguette.

### REMARQUE.

Vignole est le premier qui ait mis une base à la colonne de cet Ordre et qui l'ait élevé sur un piédestal ; et quelques architectes contemporains, ses imitateurs, ont adopté cette manière. Les anciens n'avaient employé ni l'un ni l'autre. La base ne se distingue de celle de l'Ordre toscan que par la baguette qui est entre la ceinture et le gros tore. Cet Ordre a ses cannelures particulières ; elles sont à vives arêtes et creusées sur la base d'un triangle équilatéral, comme on voit en A a. L'autre manière D est de Vitruve ; celle-ci se trace par la section des diagonales d'un carré ; mais si vous creusez les unes ou les autres sur la face d'un pilastre, il faut observer une cote sur chaque angle, car l'arête vive n'aurait point assez de résistance à opposer soit à l'air, soit au moindre frottement.

## PLANCHE 11.

### *Chapiteau et Entablement doriques, avec denticules.*

L'ensemble et le profil de cet Ordre dorique sont tirés du *théâtre de Marcellus* à Rome, que j'ai pris pour modèle et cité dans la préface de cet ouvrage. Il est tracé sur ce dessin dans les mêmes proportions que dans le monument antique :

A, cavet ; B, denticules ; C, chapiteau des triglyphes ; D, triglyphes, ses canaux et demi-canaux (l'espace entre eux, rempli par une tête de victime, se nomme métope) ; E, gouttes (elles doivent toujours être rondes) ; F, cymaise du tailloir ; G, annelets.

Le chapiteau de la colonne est, à quelques proportions près, le même que celui des colonnes du théâtre de Marcellus. Le diamètre du fût sous l'astragale est de 20 parties, et le chapiteau se divise en 3 parties égales, comme celui de l'Ordre toscan, proportion recommandée par Vitruve, la première pour le tailloir et les moulures qui le couronnent; la seconde pour l'ove et les filets au dessous, et la troisième pour le gorgerin. Ce chapiteau, sans être précisément celui des Grecs pour le même Ordre, a cependant quelque rapport avec le leur par les trois annelets qui sont sous l'ove ou quart de rond. Le plafond du larmier est suffisamment indiqué par le plan correspondant placé au dessous du larmier même.

## PLANCHE 12.

### *Chapiteau et Entablement doriques, avec mutules.*

J'ai dessiné cet autre profil d'Ordre dorique, d'après quelques fragmens d'édifices antiques que l'on voit à Rome. L'ensemble en a très-bien réussi en plusieurs occasions où je l'ai employé.

A, doucine ou gueule droite; B, mutules ou modillons; nom qu'ils portent tous, de quelque forme qu'ils soient, quand ils servent à soutenir une corniche ou qu'ils en font partie; C, olives ou amandes, nommés *fusaroles* par Vignole.



Le profil de l'entablement de la planche précédente n'a de ressemblance avec le Dorique grec que par ses triglyphes et ses gouttes, du reste il est tout romain. Celui-ci, au contraire, a cette ressemblance de plus avec ceux des temples du même Ordre à Athènes, qu'il a des mutules plus prononcées à la vérité, mais qui n'en rappellent pas moins l'idée, ainsi que les gouttes pendantes au dessous. Au surplus, ce sont deux fort belles conceptions. Le premier, comme plus léger, peut réussir dans les intérieurs; le second, beaucoup plus mâle, pour les décorations extérieures, dont l'emploi pour plusieurs édifices connus a justifié le succès. Pour répondre en quelque sorte à la richesse du chapiteau, on pourrait tailler de raies de cœur le talon entre la doucine et le larmier, celui qui couronne les mutules, et peut-être orner d'oves le quart de rond qui règne au dessous. On ajouterait les mêmes Ornemens aux moulures du plafond sous le larmier, qui, avec ceux dont il est déjà décoré, formeraient un ensemble peut-être trop riche pour l'Ordre, mais que j'ai cru devoir indiquer.

## PLANCHE 13.

### *Entre-Colonne ionique.*

Pour l'entre-colonnement ionique, il suffira de diviser toute la hauteur en 22 parties et demie. Une de ces parties servira de module, que l'on divisera en 18 autres parties, parce que cet Ordre, qui est plus léger que le Toscan et le Dorique, a besoin d'un plus grand nombre de divisions. Sa colonne doit avoir 18 modules, y compris sa base et son chapiteau; l'architrave, 1 module $^1/_4$; la frise, 1 mod. $^1/_2$; et la corniche, 1 mod. $^3/_4$; ce qui, réuni, forme 4 mod. $^1/_2$, ou le quart de la hauteur de la colonne.

**REMARQUE.**

La comparaison que l'on a faite du chapiteau ionique, ou, pour mieux dire, son origine imitée de la coiffure des femmes, les cannelures du fût de la colonne, des plis de leurs robes, sa base, de leur chaussure, tout cet assemblage sans doute paraît fort ingénieux; cette histoire ressemble à bien d'autres aussi anciennes, et je la respecte infiniment. Mais, revenant à l'objet principal, je dirai que la proportion de la colonne ionique, suivant Vitruve, y compris la base et le chapiteau, est de huit diamètres $\frac{1}{2}$ de hauteur. Il est des cas où elle peut convenir, de même que l'entablement, de proportion prise entre le quart et le cinquième. Mais si Vignole l'a réglée à neuf diamètres, c'était pour qu'elle tînt le milieu entre le Dorique et le Corinthien, et le reste suivant sa méthode. L'entre-colonne est de 4 mod. $\frac{1}{2}$; l'entablement a toujours le quart de la hauteur de la colonne comme dans les autres Ordres, comme enfin il le note lui-même.

## PLANCHE 14.

### *Portique ionique, sans Piédestal.*

Quand on voudra faire des portiques, des galeries ou des loges d'Ordre ionique, sans y mettre de piédestal, on donnera 3 modules de largeur aux piliers des arcades, et celle du vide sera de 8 mod. $\frac{1}{2}$ sur 17 modules de hauteur, qui est le double de sa largeur. Cette règle doit s'observer pour toutes les arcades de ce genre, à moins qu'on ne se trouve contraint, par l'emplacement, à sortir de cette proportion, dont il faudra cependant toujours se rapprocher le plus possible.

**REMARQUE.**

Après l'Ordre toscan, l'Ordre ionique est celui qui cause le moins de difficultés pour la disposition de ses entre-colonnemens et de ses portiques, n'ayant que des denticules dans sa corniche, lesquelles n'assujettissent pas comme les triglyphes du Dorique, ou les modillons du Corinthien. On a beaucoup erré dans la proportion qui convient aux arcades, depuis surtout que tout le monde a voulu bâtir sans autre règle que ses idées. De là vient que si l'on voit des arcades qui n'ont qu'une fois et demie leur largeur en hauteur, il en est d'autres qui ont jusqu'à deux fois un quart et plus de hauteur que leur largeur. Mais comme il y a des règles établies par des hommes de génie, il faudrait faire en sorte de s'y conformer, ou que les licences que l'on prendrait fussent assez bien raisonnées pour les justifier. L'architecte ingénieux peut vaincre, par l'étude, toutes les difficultés.

## PLANCHE 15.

### *Portique ionique, avec Piédestal.*

Pour faire un portique ou une loge d'Ordre ionique avec des piédestaux, il faut diviser la hauteur donnée en 28 parties $\frac{1}{2}$, dont on donnera 6 au piédestal, avec ses ornemens, ce qui revient au tiers de la colonne, y compris sa base et son chapiteau, comme on a dit que cela devait se pratiquer pour tous les Ordres. La largeur du vide de l'arcade sera de 11 modules, la hauteur de 22, et la largeur des piliers de 4, comme on peut le voir sur la gravure.

### REMARQUE.

Les règles que Vignole donne ici ne sont que pour les édifices d'un seul étage, ou d'un seul Ordre, comme je l'ai remarqué pour le Dorique; car, s'il fallait élever plusieurs portiques les uns au dessus des autres, les mesures qu'il prescrit pour celui-ci ne pourraient plus être suivies avec la même précision, le diamètre de l'Ordre supérieur devant être nécessairement moindre que celui du bas, les piles dans les mêmes rapports, et les arcades plus basses de beaucoup plus que de deux fois leur largeur en hauteur. Aussi semble-t-il ne l'appliquer qu'à un simple portique, ou à une loge servant de couronnement ou de belvédère à un bâtiment.

## PLANCHE 16.

### *Piédestal et Base ioniques.*

La corniche de l'imposte que l'on voit sur cette planche a un module de hauteur, et sa saillie 6 parties. Les mesures particulières de chacune de ses moulures sont cotées sur la gravure, de même que celles de l'archivolte. Le piédestal et la base de la colonne y sont également représentés dans leurs justes mesures. C'est pourquoi nous y renvoyons pour en connaître les proportions.

A, scotie ou nacelle; B, baguette ou astragale; C, scotie du bas, séparée de la plinthe par un filet.

### REMARQUE.

La base de la colonne ionique de Vignole est la même que celle de Vitruve. On ne la voit dans aucun édifice antique. Comme appartenant à l'Ordre ionique de notre auteur, il a fallu la présenter ici; mais elle a quelque chose de tellement imparfait par la confusion de ses moulures, qui n'ont entre elles aucunes proportions, que nous conseillons d'employer de préférence, pour cet Ordre, la base attique (*Voyez* PLANCHE 28), qui est beaucoup plus parfaite.

*Nota.* Les cotes D, qui séparent les cannelures E, doivent avoir de proportion le tiers des cannelures même.

## PLANCHE 17.

### *Chapiteau et Entablement ioniques.*

La manière de faire le chapiteau ionique, tel qu'on le voit sur cette planche, est de tracer deux perpendiculaires à un module de distance de chaque côté du centre de la colonne, lesquelles sont appelées *cathètes*, et sont coupées horizontalement par une ligne formant le dessus de la baguette de l'astragale; toute la volute doit avoir en hauteur 16 parties de module, dont on donnera 8 à la partie qui est au-dessus de l'œil, 2 à l'œil de la volute, 6 autres au-dessous du même œil, 7 en dehors sur la ligne horizontale, et 5 à l'opposé, sur la face de la colonne. Nous donnerons, dans la planche suivante, la manière de tracer avec exactitude le contour de cette volute.

### REMARQUE.

Vignole a imité son chapiteau des anciens. On voit à Rome plusieurs de ces chapiteaux dont le ca.ial de la spirale des volutes est orné. Ce chapiteau présente, dans deux de ses faces, des volutes qui se joignent sur les côtés par un ornement appelé *le balustre du chapiteau*. L'Ordre ionique convient pour les portiques en avant-corps, ou autrement il faudrait plier les volutes angulaires pour un retour d'équerre, comme on le voit au *temple de la Fortune virile*, à Rome (1); ce qui, en alourdissant cette partie, la rend difforme et de mauvais goût, parce qu'elle lui ôte son caractère primitif. L'entablement de Vignole est en harmonie avec l'Ordre, et le couronne très-bien : l'ensemble, en lui-même, réunit la pureté, le caractère et la légèreté qui conviennent à cet Ordre.

## PLANCHE 18.

### *Tracé de la Volute ionique.* — FIGURE Iʳᵉ.

Après avoir tiré une ligne perpendiculaire appelée *cathète*, et une ligne horizontale qui coupe la première à angles droits, l'intersection de ces deux lignes vous donnera le centre de l'œil de la volute. Cet œil ayant, comme nous l'avons dit, deux parties de diamètre, vous tracerez deux diagonales passant par son axe, et des parallèles de chaque côté de ces mêmes diagonales, qui auront pour extrémité leur rencontre dans le cercle de l'œil, sur la ligne de la cathète en haut et en bas , et de même sur la ligne horizontale qui la coupe, ce qui formera un carré vu sur l'angle. La distance du centre de l'œil à la rencontre de ces lignes sera divisée en trois sur chaque côté, ce qui donnera 12 points, servant de centre à chaque portion de cercle, formant les trois révolutions de la spirale de la volute (*Voyez* FIGURE 2 pour la division des points) : Alors, du point 1 au point A, sous le talon du tailloir, vous décrivez un quart de cercle jusqu'au point B, et, sans bouger la pointe de votre compas, vous rapprocherez l'autre sur la même ligne au point 2, que vous fixerez sur ce nouveau point, pour décrire de B un autre quart de cercle en C, et, laissant de même votre pointe de compas sur le C, vous descendrez l'autre au point 3 ; et, du point C, vous irez au point D, et ainsi de suite jusqu'aux 12 points marqués , dont la révolution du dernier se termine sur l'œil de la volute.

Pour tracer le listel , qui a le quart de la distance qui se trouve entre chaque révolution , vous diviserez en quatre chacune des parties qui ont servi de centre à chaque portion de cercle, et ces 12 nouveaux points, ceux les plus près sous la première division, vous donneront le contour intérieur qui forme l'épaisseur du listel ( *Voyez* FIGURE 2 ).

*Nota.* Les lignes ponctuées partant de chaque point du centre 1 B, 2 C, ainsi des autres, jusqu'aux extrémités de chaque portion de cercle, indiquent qu'ils doivent s'y terminer, si l'on veut obtenir une volute parfaite.

### *Autre Tracé de la Volute ionique.* — FIGURE 3.

Pour tracer cette volute suivant la méthode gravée sur cette planche, il faut tirer la ligne appelée cathète, dont la hauteur sera de 16 parties de module ( celle de la volute). De ces 16 parties, 9 sur la cathète en marqueront le centre A , ou celui de l'œil qui sera traversé par une ligne horizontale ; et de 7 autres parties au-dessous, sur la même

(1) Voyez le *Nouveau Parallèle des Ordres d'architecture*, planche 24, et les planches 18, 19, 20 et 21 du même Ouvrage.

ligne de cathète. Ensuite, par le centre de l'œil, vous ferez passer deux diagonales, en sorte que la circonférence du cercle se trouve divisée en 8 parties égales, à commencer du bord supérieur de la cathète au point 1. Faites ensuite à part un triangle rectangle, BCD ( Fig. 4 ), dont le côté BC soit de 9 parties de modules, et la ligne CD de 7. L'arc EF, depuis le dessus de l'œil de la volute C ( dont le diamètre est le même que celui déjà tracé au centre de la volute A ) jusques au côté DB, se divise en 6 parties égales, et chacune de ces parties en 4 autres parties, dont les lignes prolongées sur celle CB, vous donneront tous les points dont vous aurez besoin, qui sont au nombre de 25. Ensuite, du centre C, vous prendrez chaque point, que vous porterez sur chaque ligne déjà tracée (Fig. 3 ), pour former la volute depuis 1 jusqu'à 25. Pour tracer ensuite le contour de la volute d'un point à l'autre, vous en trouverez le centre en mettant à demeure une des pointes du compas sur le point 1, et en l'ouvrant jusqu'à ce que son autre pointe arrive au centre A de la volute. Du point fixe 1 et de l'ouverture du compas 1 A, vous tracerez une portion de cercle *a*, passant au centre de l'œil; ensuite, sans changer cette ouverture, vous mettrez la pointe immobile de votre compas au 2, et vous décrirez une autre portion de cercle qui, coupant la première, vous donnera, par son intersection, le centre d'où vous décrirez la portion 1, 2 de la volute. Vous trouverez pareillement le centre de la portion 2, 3, en mettant la pointe immobile du compas au point 2, en le resserrant jusqu'à ce que l'autre pointe touche au centre A, et en traçant, comme dessus de l'ouverture 2 A, une partie de cerle *b* passant au centre de l'œil; puis, sans changer l'ouverture du compas, portant la pointe immobile du compas au point 3, vous tracerez une autre partie de cercle qui coupe le précédent. De ce point d'intersection, vous tracerez la courbe 2 et 3 de votre contour. En pratiquant la même opération à l'égard de tous les autres points, vous parviendrez à former le contour entier de la volute, comme on le voit sur cette planche.

### REMARQUE.

Le texte original m'ayant paru trop succinct, j'ai cru devoir ajouter aux dessins et à la traduction tous les développemens qu'on pourra y remarquer.

## PLANCHE 19.

### *Entre-Colonne corinthien.*

La hauteur de l'Ordre corinthien doit être divisée en 25 parties, dont une servira de module que l'on subdivisera en 18, comme on a fait pour l'Ordre ionique. Les autres divisions principales sont marquées sur la planche. L'espace d'une colonne à l'autre doit être de 4 modules 2/3, non pas seulement afin que l'architrave ne souffre pas par une trop grande portée, et puisse soutenir la surcharge qui doit poser dessus, mais aussi pour que les modillons de la corniche répondent sur le milieu de la colonne, et que les compartimens du plafond et les autres ornemens soient perpendiculairement les uns au-dessus des autres ( *Voyez* PLANCHE 24 ).

### REMARQUE.

Cet Ordre est sans doute une des merveilles de l'art; il paraît impossible d'atteindre à un plus haut degré de perfection. Quoi de plus noble, en effet, qu'un portique corinthien! Qui, mieux que son emploi, annonce la richesse, la grandeur! Aussi les anciens en décoraient-ils leurs temples, leurs palais, et l'enceinte même de leurs places publiques. Sans s'assujettir à la même règle, s'ils l'ont varié dans les proportions d'ensemble et de détails, celle des colonnes est, à quelques différences près, partout la même, ainsi que les parties de l'entablement (*Voyez* le *Nouveau Parallèle des Ordres*, le Corinthien).

## PLANCHE 20.

### *Portique corinthien, sans Piédestal.*

Lorsque vous voudrez faire des portiques, ou des galeries d'Ordre corinthien, sans piédestaux sous les colonnes, il faudra suivre les cotes et les mesures marquées sur la planche, c'est-à-dire que le vide des arcades soit de 9 modules de largeur sur 18 de hauteur, et les piliers auront 3 modules de face; les colonnes seront au centre de ces mêmes piliers, et auront 1 mod. $^1$/$_3$ de saillie.

### REMARQUE.

Ce portique est on ne peut plus simple; sa disposition est subordonnée, en quelque sorte, à la division des modillons dans la corniche, d'après la règle établie par son auteur, que toujours il doit s'en trouver un à plomb de chaque colonne. Ici il faut observer que c'est un espace, et non un modillon, qui tombe au centre de l'arcade. Mais pour rétablir, si l'on voulait une régularité qui semblerait assez exacte, il faudrait, au lieu de 3 modules de face que présentent les piliers, leur donner 3 mod. 16 parties. Alors, un modillon tomberait à plomb du centre de l'arcade. Outre que, par ce moyen, les piliers auraient plus de force, l'archivolte acquerrait aussi plus de développement.

J'observerai que je ne me permets ici cette remarque que d'après quelques auteurs qui l'ont faite avant moi; car il est possible que Vignole n'ait fait ses alestes, de chaque côté des colonnes, aussi minces, que pour faire dominer davantage ces mêmes colonnes.

## PLANCHE 21.

### *Portique corinthien, avec Piédestal.*

Pour élever un portique, ou une loge d'Ordre corinthien, avec des piédestaux, il faudra diviser toute la hauteur de l'Ordre en 32 parties égales, dont une servira de module. On donnera 12 de ces parties à la largeur du vide de l'arcade, et 25 à sa hauteur, et quoique cette hauteur dépasse d'un module les deux carrés de la largeur, je ne l'ai fait ainsi que pour répondre à la délicatesse de l'Ordre. Les piles ou jambages des arcades auront 4 modules de largeur.

### REMARQUE.

J'ai déjà dit, dans un autre ouvrage, que je n'étais pas très-partisan des colonnes engagées, et moins encore des colonnes accouplées. On trouve cependant des exemples des premières dans l'antiquité, et le *temple de Bacchus*, à Rome, nous en montre d'accouplées, mais dans un sens qui semble les autoriser. Ces colonnes, placées l'une derrière l'autre, supportent des arcades, et tendent au même centre, le temple étant de forme circulaire dans son intérieur ( *Voyez* DESGODET ). La façade du Louvre, par Perrault, nous présente des colonnes accouplées assez à propos pour nous en démontrer l'inconvenance, car elles n'ajoutent rien à la force dont on a pu croire avoir besoin, puisque, divisées également, elles en auraient eu davantage, ayant une portée de soffite moins considérable. Aux deux bâtimens qu'on nomme le Garde-Meuble sur la place Louis XV, les colonnes ont un autre vice dans la disposition régulière de leur espacement, c'est qu'elles sont trop écartées les unes des autres, ce qui les fait paraître maigres. En général, les colonnes, pour être employées à propos, ne doivent point être encadrées ; elles doivent toujours former des avant-corps bien prononcés (1), si l'on veut qu'elles produisent de l'effet, et être d'un espacement tel, surtout les colonnes corinthiennes, qu'elles n'aient au plus que 4 mod. ²/₃ de distance de l'une à l'autre ( suivant Vignole ), et même la proportion de 3 modules 6 parties est celle qui leur convient le mieux, puisqu'un modillon tombe alors au milieu de l'espacement.

*Nota.* Pour les colonnes engagées, simples ou accouplées, je ne répéterai pas ici ce que j'en ai déjà dit dans mon *Parallèle des Ordres d'architecture ;* on pourra le consulter.

## PLANCHE 22.

### *Piédestal et Base corinthiens.*

Si le piédestal de l'Ordre corinthien avait de hauteur le tiers de la colonne, comme dans les autres Ordres, elle serait de 6 mod. ²/₃ ; mais on peut lui donner 7 modules (2), pour que son élégance ou sa légèreté soit en rapport avec la colonne. Par ce moyen, le dé, ou la partie entre la cymaise et la base, aura en hauteur deux fois sa largeur, comme on peut le voir sur la planche par les cotes qui y sont marquées. On ne détaillera pas les autres membres du piédestal, ni ceux de la colonne, les cotes, tant en épaisseur qu'en saillie, y étant indiquées, de même que pour l'imposte et l'archivolte.

A, tore supérieur ; B, tore inférieur ou gros tore.

#### REMARQUE.

Quelques architectes n'ont point approuvé la grande hauteur que Vignole donne à ses piédestaux ; et ont blâmé en même tems la petitesse de leur corniche et de leur base. Mais, comme notre auteur a établi ses Ordres sur une règle générale, il n'a pas dû en dévier (3) ; c'est pourquoi ils sont tous dans les mêmes rapports de proportion relativement à leur hauteur particulière : sa règle n'étant de principe que pour lui-même, on peut s'en écarter plus ou moins, suivant qu'on le juge convenable, ou que les localités le commandent. Les cannelures de la colonne sont au nombre de vingt-quatre, et la côte

---

(1) *Voyez* le palais du Corps-Législatif, celui de la Bourse *, l'église de Sainte-Geneviève, et quelques autres églises ou édifices nouvellement bâtis.

(2) *Voyez* planche 1ʳᵉ, et la Remarque au texte.

(3) Car la différence d'un tiers de module pour ce piédestal peut se rectifier aisément, et tout alors sera dans la même règle prescrite pour les autres Ordres. ( *Voyez* même planche 1ʳᵉ et la Remarque.)

* La proportion des colonnes, et leur espacement, qui est de deux diamètres, peuvent être cités comme modèles en ce genre. L'entablement a le quart de l'Ordre ; ce même Ordre a 36 pieds de hauteur.

qui les sépare, toujours du tiers de leur largeur. Pour les pilastres, on peut, sur leur face, tailler sept ou neuf cannelures. Quand on en taille sept, il reste sur les angles la place pour former une baguette dans toute la hauteur, comme on le voit à ceux du portique du *Panthéon* à Rome (1).

## PLANCHE 23.

### *Plan et Profil du Chapiteau corinthien.*

Pour le plan et le profil du chapiteau corinthien que l'on voit tracé sur cette planche, il deviendra facile d'en connaître toutes les parties : le plan sert à rendre compte des largeurs, et le profil, de la hauteur et de la saillie des feuilles et des volutes. Pour tracer le plan de ce chapiteau, il faut former un carré dont la diagonale soit de 4 modules. Sur un des côtés, comme sur les trois autres, on élèvera un angle équilatéral, marqué d'une croix sur l'original, et que je remplace ici par une H. Du sommet H de ce triangle, et de l'ouverture I, I, on décrira le creux de l'abaque. La saillie des feuilles, celle des caulicaules ou tigettes, est indiquée par une ligne prise à la naissance de l'abaque et la saillie de l'astragale de la colonne, comme on le voit tracé sur la même planche. Le reste se comprendra facilement par la seule inspection des cotes de renvois et des lignes correspondantes du plan au profil.

A et B sont appelés ensemble l'abaque du chapiteau; mais, pour plus d'intelligence, A est pris pour la cymaise de l'abaque; C, volutes; D, feuilles des caulicaules; E, grandes feuilles; F, petites feuilles; G, roses.

#### REMARQUE.

Le plan renversé du chapiteau corinthien est partagé de manière à laisser voir toutes les parties essentielles qui le composent, de sorte que l'on peut se rendre un compte exact et instructif de chaque détail en particulier : K, plan des cannelures, de l'astragale et de la lèvre du vase; L, plan des deux rangs de feuilles; M, plan des volutes et des roses au dessus; N, plan des caulicaules ou tigettes.

*Nota.* J'ai cru devoir ajouter ces divers détails à ceux de l'original comme je l'ai déjà fait dans toutes les circonstances où je l'ai jugé nécessaire.

Pour les jeunes élèves qui commencent l'étude de l'Architecture, c'est un exercice qu'on ne devrait pas négliger que celui de leur faire dessiner les entablemens, les colonnes, les arcades, etc., vus sur l'angle ou de trois quarts; ce travail développe les profils, les fait comprendre, prépare enfin ces mêmes élèves à mieux sentir les effets de la perspective quand ils viennent à s'en occuper.

## PLANCHE 24.

### *Chapiteau et Entablement corinthiens.*

Cet entablement corinthien est tiré de divers édifices de Rome, et principalement du Panthéon ou de la Rotonde, et des trois colonnes que l'on voit dans le marché romain : les ayant comparés dans tous leurs rapports, j'en ai formé la règle de cet Ordre, sans

---

(1) *Voyez* le *Nouveau Parallèle des Ordres d'architecture*, planche 38, et planche 36 de cet Ouvrage, pour le pilastre corinthien.

m'écarter de l'antique en aucune manière. J'en ai distribué les proportions, tellement que les modillons tombent d'aplomb sur le milieu des colonnes, et que les oves, les denticules, arquettes et fusarolles sont exactement perpendiculaires les uns au dessus des autres, comme il est facile de le voir sur la gravure que j'en donne ici. Les cotes principales, et celles de détail qui y sont jointes, font connaître les proportions des grandes comme des petites parties, sans qu'il soit besoin de m'expliquer autrement. Le module de cet Ordre se divise en 18 parties, comme celui de l'Ordre précédent.

### REMARQUE.

Pour employer cet Ordre avec succès, il faudrait, aux règles de Vignole, comparer, comme il l'a fait, les mêmes Ordres des anciens sur lesquels il a établi celles qu'il a adoptées. Au portique du *Panthéon* à Rome, le larmier de la corniche est très-petit; celui du *Temple de Jupiter Stator* est, au contraire, très-fort; l'entablement de ce dernier a plus du quart de l'Ordre, et celui du Panthéon à moins du quart, d'un tiers de module à peu près; la saillie de la corniche est au carré de sa hauteur, et l'autre a moins de saillie, comparé à l'épaisseur de la corniche (1). Du reste, il a emprunté ses détails de l'un et de l'autre, mais principalement du portique de la Rotonde. C'est ainsi que Vignole, pour suivre sa règle, a donné au sien le quart de la colonne; d'autres architectes lui donnent pour proportion celle comprise entre le quart et le cinquième. Celle du cinquième, comme on le voit à la nouvelle église de Sainte-Geneviève à Paris, ne couronne pas l'Ordre d'une manière satisfaisante, en ce que, je crois, les colonnes, trop écartées les unes des autres, les font paraître trop longues de proportion. Au reste, cette proportion du cinquième de l'Ordre pour l'entablement conviendrait peut-être pour les intérieurs, si on voulait l'adopter.

## PLANCHE 25.

### *Piédestal et Base composites.*

Le piédestal composite a les mêmes proportions que le corinthien : les seuls changemens consistent dans quelques moulures de sa base et de sa corniche, comme il est facile d'en juger en les rapprochant l'un de l'autre; et cet Ordre, en général, gardant les mêmes proportions, quant à ses divisions principales, que l'Ordre corinthien, je n'ai pas cru devoir faire les dessins de l'entre-colonne, du portique sans piédestal, et de celui avec piédestal, renvoyant à ceux déjà faits pour le corinthien. J'ai seulement présenté la différence qui se trouve entre sa base, son chapiteau et son entablement, avec les ornemens que j'y ai adaptés, comme on pourra le voir dans les planches suivantes.

### REMARQUE.

Vignole n'a point placé ici l'imposte ni l'archivolte de cet Ordre, il n'en fait même pas mention en renvoyant à l'Ordre corinthien, pour l'entre-colonne et les deux portiques. Daviler, qui les a ajoutés dans son œuvre, les a peut-être pris de quelque édifice où Vignole aura employé cet Ordre; nous y renvoyons (2), ne pouvant les placer ici sans ajouter à la traduction d'un ouvrage dont nous n'avons d'autre dessein que d'être le fidèle interprète. Vignole a donné à l'Ordre composite, comme il le

---

(1) *Voyez* le *Nouveau Parallèle des Ordres d'architecture*, planches 36 et 38.
(2) *Voyez* le même *Parallèle*, planche 54, où nous les avons tracés.

remarque, les mêmes proportions qu'au corinthien. Palladio l'a tenu plus élevé d'un demi-module; sa colonne corinthienne n'a que 19 mod. ¾ de hauteur.

## PLANCHE 26.

### *Plan et Profil du Chapiteau composite.*

Le tracé du plan et du profil du chapiteau composite se fait de la même manière que pour le chapiteau corinthien; la différence qu'il y a entre ces deux chapiteaux, c'est qu'au lieu des caulicaules qui ornent ce dernier, on ajoute au composite de grandes volutes dans la même forme que celles du chapiteau ionique. Les Romains ayant pris une partie de ce chapiteau, et l'autre du corinthien, en formèrent le composite, pour réunir dans un seul l'élégance et la beauté de ces deux Ordres (1).

#### REMARQUE.

Ce chapiteau a été en grande faveur dans les siècles derniers, chaque architecte le brodait à sa manière, et de telle sorte, qu'il était devenu méconnaissable. Ce n'était pas assez que déjà ses volutes, mal attachées et pendantes, menaçassent à chaque instant de tomber; ils les chargeaient encore de guirlandes passant de l'une à l'autre volute et fixées à son centre. Il est fâcheux que l'Architecture, cet art dont il reste encore de si grands souvenirs, qu'on se plaît à retracer tous les jours, soit sujet, comme tout, à l'influence des tems, des modes et de leurs caprices, et que, malgré les soins que l'on prend aujourd'hui pour en propager, en développer les beautés et la grandeur, il reviendra peut-être à ce même point d'imperfection dont l'avaient tiré les efforts et les créations de tant d'hommes habiles. Après les Raphaël, les Michel-Ange, les Poussin, et quelques peintres non moins célèbres, vinrent, comme architectes, les Palladio, les Vignole, les Philibert Delorme, etc.; et, quoique le génie de ces hommes soit mieux apprécié aujourd'hui, le champ est vaste encore.

## PLANCHE 27.

### *Chapiteau et Entablement composites.*

J'ai tiré l'Ordre composite, principalement la corniche, la frise, l'architrave et le chapiteau, de divers édifices que l'on voit à Rome, et je les ai réduits aux justes proportions que j'avais adoptées pour le corinthien. Les détails des moulures et des ornemens, ainsi que leurs mesures, peuvent se voir dans la gravure que j'en donne ici.

#### REMARQUE.

D'après les soins que Vignole a pris de donner les mesures exactes des Ordres précédens, on est surpris de ne trouver dans l'entablement de celui-ci, pour les saillies seulement, aucun rapport avec les cotes. Cette différence est telle, qu'après l'avoir dessiné sur les mesures indiquées, son caractère n'est plus le même, et qu'en reportant le module sur chaque partie, on voit encore moins pourquoi ce profil, très-pur sur l'original, a été coté de manière à le défigurer. Ayant reconnu, autant qu'il était en moi, la négligence ou le vice d'une pareille erreur, j'ai établi le profil que j'en donne sur celui même

_______________

(1) *Voyez* le *Nouveau Parallèle des Ordres d'architecture*, planche 49 et les suivantes.

que présente la gravure, en notant les cotes en toutes lettres sur un second profil que j'y ai indiqué par des points, et par des chiffres simples au dessous les distances réelles prises sur le profil de l'original. Pour le profil de la première denticule, coté 6 parties, quand elle n'en a que 5, j'en ai divisé la hauteur, qui est de 8 parties, en 3, dont j'ai pris 2 pour sa largeur et celle des denticules, et une pour leur espacement ou métoché, sans y indiquer des cotes, puisque cette proportion est exacte, et se rapporte à celle des Ordres précédens; de sorte que les 6 parties cotées se trouvent donner la saillie du quart de rond sous la première denticule, ce qui rentrerait, du reste, entièrement dans les proportions de l'original, si le même n'avait pas près de 2 parties de saillie de moins que ses cotes ne l'annoncent, erreur qui rend, contre l'intention de l'auteur, le quart de rond d'une proportion alongée, indécise, parce que le graveur aura mal saisi, ou que, s'étant trompé de mesure, il sera tombé dans cette erreur de détail (1). Cependant si, dans ce travail, j'avais moi-même commis une erreur, elle sera toujours facile à rectifier, puisque j'ai figuré les deux profils et leurs saillies particulières. J'ajouterai à cette remarque, qu'on ne prendra pas, j'espère, pour une critique, que Vignole ici n'est plus lui-même; car, malgré la satisfaction qu'il montre d'avoir réussi à accorder tous les détails de son entablement corinthien, en les faisant tomber tous d'applomb les uns sur les autres, on peut voir que, dans celui-ci, les denticules, qui devraient principalement diriger tous les autres ornemens, ne peuvent se trouver sur l'axe de la colonne, soit que l'on suive son dessin ou la cote qu'il y a fixée, et qui les rend, même sans nécessité, trop larges de proportion.

## PLANCHE 28.

### *Chapiteaux antiques et Base attique.*

Parmi les antiquités romaines, on trouve une variété infinie de chapiteaux qui n'ont aucun nom propre, et qui peuvent être rangés dans la classe des chapiteaux composites, en ce qu'ils suivent presque tous les mesures de cet Ordre, qui dérivent elles-mêmes de l'Ionique et du Corinthien. Dans quelques-uns, on voit des animaux au lieu de caulicaules et de volutes; dans d'autres, des cornes d'abondance; etc. Tous sont variés de détails relatifs, sans doute, à l'usage des édifices auxquels ils étaient destinés, et suivant le goût des maîtres qui en dirigeaient l'exécution. On peut en juger par ceux gravés sur cette planche. Sur le premier, on voit quatre aigles au lieu des grandes volutes, et un foudre à la place des petites, surmonté d'une tête de Jupiter, en place des roses et des fleurons qui ornent le chapiteau corinthien. Le second présente quatre aigles tenant chacun un chien dans leurs serres, et quatre griffons sous les angles du tailloir, à la place des volutes. Tout démontre que ces différentes compositions avaient quelques rapports avec les divinités du paganisme, auxquelles les édifices dont ils faisaient partie étaient dédiés.

Les proportions de ces chapiteaux sont les mêmes que celles de l'Ordre corinthien.

La base gravée au bas de la même planche est nommée *base attique* par Vitruve, parce que les Athéniens furent les premiers qui l'aient mis en œuvre. De notre tems, on l'emploie indifféremment pour le Corinthien, le Composite, l'Ionique, et même le Dorique. Il semble cependant qu'elle conviendrait mieux au Composite qu'à tout autre Ordre, à moins qu'on ne voulût l'adapter à l'Ionique, au lieu de la base qui lui est

(1) D'après la date du *Vignole* original, 1617, il aurait été publié quarante-quatre ans après la mort de son auteur, arrivée en 1573.

propre. Pour moi, je la trouve déplacée sous les autres Ordres. Je pourrais appuyer mon sentiment de plusieurs bonnes raisons; mais je ne veux pas combattre un usage autorisé par l'exemple: je me contente d'en donner ici les proportions, qui sont réglées sur le module ionique et corinthien, lequel se divise en 18 parties.

### REMARQUE.

Il y a beaucoup d'édifices pour lesquels on emploierait les chapiteaux allégoriques avec peu de succès, comme, par exemple, pour ceux où il se trouverait des colonnes de 30 à 40 pieds de hauteur. Les détails qu'on aurait substitués aux volutes seraient, pour ainsi dire, nuls à l'œil, auxquels ils paraîtraient même informes, par l'effet perspectif, ou cachés par la saillie des feuilles. Ils ne peuvent convenir qu'employés en moyenne proportion, et pour des décorations que je nommerai accessoires, comme pour les vestibules, les salles de spectacle, les salons, et les appartemens en général, les autels dans les églises, ou les décorations enfin qui n'exigent point une architecture sévère; comme aussi pour les devantures de boutiques, soit sur la rue ou dans des galeries marchandes, telles qu'on en voit de nos jours.

La base attique est, sans contredit, la base la mieux raisonnée; elle serait peut-être un peu simple pour la colonne corinthienne, par rapport à la richesse de cet Ordre; mais, dans notre climat, où la pierre, quelque bien choisie qu'elle puisse être, se détériore toujours trop tôt, la base attique présentant moins de détails, sans y être moins propre, ainsi qu'à l'Ordre qui le précède et celui qui le suit, on peut l'employer sans craindre la critique. Il existe aussi dans l'antique beaucoup de bases de colonnes ornées sur toutes leurs moulures; le marbre permet cette richesse: elle réussirait mal sur la pierre, surtout placée en plein air.

## PLANCHE 29.

### *Manière de diminuer les colonnes.*

Il y a plusieurs manières de diminuer les colonnes, entre lesquelles j'ai fait choix de deux que je donne ici comme les meilleures et les plus généralement suivies. Selon la première, après avoir déterminé la hauteur de votre colonne et son diamètre, ainsi que la quantité dont vous voulez la diminuer à sa partie supérieure, vous divisez le fût en trois parties et vous tracez un demi-cercle sur le premier tiers, puis vous abaissez une ligne parallèle à l'axe prise sous l'astragale à l'endroit où vous avez fixé votre diminution et à la rencontre de cette ligne sur le demi-cercle jusqu'à sa base; vous en divisez la distance en autant de parties que vous voulez, et un pareil nombre de parties égales jusques et y compris l'astragale, et enfin vous tirez des perpendiculaires de chaque point divisé sur le demi-cercle, et où vos divisions parallèles à l'horizon viendront les couper, vous aurez, par leur intersection, les points par lesquels doit passer la courbe que vous voulez obtenir. Cette manière peut servir pour le Toscan et le Dorique.

L'autre manière de les diminuer est de mon invention, et quoiqu'elle soit moins connue, elle est cependant aussi facile à comprendre par le dessin que j'en donne ici. Quand vous aurez déterminé toutes les proportions de votre colonne, comme je l'ai dit ci-dessus, il faut tirer une ligne indéfinie vers le tiers de la colonne par le bas, de C en D, puis vous porterez cette mesure, qui est le diamètre de votre colonne, sur son axe de A en B, en continuant A B jusqu'à ce qu'elle vienne rencontrer la ligne C D prolongée en E.

Alors vous diviserez la hauteur de la colonne, au dessus et au dessous de C D, sur son axe, en autant de parties que vous voudrez, dont vous tirerez des lignes du point E, de la longueur présumée de la circonférence du fût. Sur chacune de ces lignes, vous porterez la distance de C. D, depuis l'axe de la colonne, pour avoir sa diminution tant au dessus qu'au dessous du tiers d'en bas, et vous aurez ainsi les points nécessaires par lesquels vous ferez passer le contour extérieur de votre colonne, ce qui vous donnera le renflement et la diminution. Cette seconde méthode est bonne pour l'Ionique, le Corinthien et le Composite.

Ayant tracé vos colonnes droites, et notamment la dernière dont vous allez reconnaître ici l'emploi, si vous voulez la rendre torse, à l'imitation de celle que l'on voit à Rome dans l'église de Saint-Pierre, il faudra que vous traciez le plan (1) tel que vous le voyez sur cette planche. Le petit cercle au milieu du plan marque la quantité, ou la saillie que vous voulez lui donner. Vous divisez ce petit cercle en 8 parties égales et de chaque point vous tirez des lignes parallèles à l'axe de la colonne. Vous divisez ensuite la hauteur en 48 parties, qui vous serviront pour former la ligne spirale du milieu, qui doit être le centre de la colonne et sur laquelle vous rapporterez les grosseurs correspondantes, ligne par ligne, prises de l'axe du diamètre à la circonférence de la colonne droite de D en C, comme il est marqué sur le dessin. Vous observerez seulement que les chiffres 1, 2, 3, 4, qu'on voit sur le petit cercle du plan, ne doivent servir que pour la première demi-révolution du bas de la colonne, parce que la base de la spirale doit commencer du centre. Depuis le milieu de la montée, vous suivrez le contour du petit cercle jusqu'à la dernière demi-révolution au haut de la colonne, où vous suivrez encore les quatre points, ainsi que vous avez fait pour le bas.

**REMARQUE.**

On doit voir que le diamètre du petit cercle intérieur est arbitraire, et qu'on peut le tenir plus ou moins grand, suivant que l'on veut rendre plus ou moins sensible le torse de la colonne. Le diamètre du grand cercle est aussi d'abord arbitraire, et seulement décrit pour diviser avec plus de justesse les huit parties à son pourtour. On fixe ensuite son vrai diamètre sur celui donné par la saillie de la colonne F, et celui de son creux G à cette hauteur, près du tiers du fût. Toutes les autres lettres de renvoi de la colonne torse sont ici placées pour l'intelligence de sa construction, sur laquelle Vignole ne nous a pas paru s'être assez étendu.

*Note.* On fait remonter ces sortes de colonnes à une haute antiquité. On en voit une dans une des chapelles de l'église de Saint-Pierre à Rome, rapportée par Titus après la prise de Jérusalem, que l'on dit avoir été tirée du temple de Salomon. Voilà sans doute, pour leur antiquité, des autorités respectables, mais qui, suivant moi, n'en rendent pas plus ingénieux l'inventeur de ces sortes de colonnes, ouvrages de quelque mécanicien ou de quelque orfèvre, plutôt que d'un architecte, qui se serait difficilement déterminé à placer un chapiteau en porte-à-faux, et une tige de travers sur sa base.

On ne voit point que les anciens aient renflé leurs colonnes, comme quelques architectes l'ont fait depuis. Je pense, avec beaucoup d'autres, que c'est une absurdité; il vaudrait mieux commencer à les diminuer du bas; cette manière imperceptible est plus agréable. Celle prise au premier tiers est très-

---

(1) *Voyez* la Remarque à la suite.

tolérable et la plus usitée. Si l'on veut juger de l'effet ridicule des colonnes renflées au tiers de leur hauteur, le portail de l'église des Filles-Sainte-Marie, rue Saint-Antoine, à Paris, en offrira un exemple frappant.

# PLANCHE 30.

### *Entablement de couronnement.*

Cet entablement, que j'ai employé plusieurs fois pour servir de couronnement à des façades de bâtimens, a toujours été approuvé des gens de l'art. Quoiqu'il soit de mon invention, j'ai cru faire une chose agréable en le plaçant à la fin de cet Ouvrage. Voici la proposition qu'il doit avoir avec le reste de l'édifice : la hauteur de ce dernier sera divisée en 11 parties ; 10 seront pour celle du bâtiment, et la 11<sup>e</sup> pour l'entablement. Ses mesures particulières seront faciles à connaître ; elles sont toutes indiquées sur la gravure que j'en donne ici.

#### REMARQUE.

L'entablement que donne ici Vignole devait, en effet, réussir pour couronner une grande façade. Son ensemble, formé du Dorique et du Corinthien, est parfaitement combiné ; il se prête à la richesse comme à la simplicité, suivant l'emploi auquel on pourrait le destiner. On en voit un exemple à Paris dans l'entablement de la porte Saint-Martin ; mais il faut se garder de le faire supporter par des colonnes ; il serait trop riche pour le Dorique, trop lourd pour le Corinthien ; il n'est donc point, à mon avis, propre aux Ordres auxquels, en général, leur entablement particulier est le seul qui convienne, ou quelque autre analogue et bien combiné. Les architectes ne doivent pas toujours suivre pas à pas les compositions des auteurs, quoiqu'elles soient adoptées et reconnues comme classiques. Rien chez les anciens ne paraît subordonné à la routine ; seulement ce qui était reconnu pour beau, pour parfait, se trouve quelquefois répété, mais jamais d'une manière servile.

# PLANCHE 31.

### *Porte du Château de Caprarole.*

Porte du château du cardinal Farnèse, à Caprarole.

#### REMARQUE.

L'entrée de ce château, dont la composition tient à l'ensemble de l'édifice même, porte un caractère particulier, convenable pour le tems et pour le lieu. Elle est d'ordonnance dorique. Le nu des deux pilastres qui la décorent est masqué par des pierres de refend, qui n'en laissent apercevoir, pour ainsi dire, que les bases et les chapiteaux. Une partie de l'entablement même est tronquée par la clé de l'arcade qui le pénètre. Son ensemble plairait davantage, si cet entablement ne paraissait pas trop fort pour la masse étroite qu'il couronne ; c'est ce qui pourrait démontrer qu'il faut quelquefois savoir adroitement sortir des règles établies, en augmentant ou en diminuant à propos certaines parties pour faire concorder le tout. La division régulière des triglyphes donne l'échelle du module ; les pilastres ont 8 diamètres de hauteur ; le nu de leur distance et la saillie des refends dessinent l'ouverture de l'arcade dont l'axe du cintre est subordonné à la hauteur du dessus du neuvième refend. La largeur de l'arcade, prise de la retraite portant imposte sur les pilastres, est doublée pour sa hauteur depuis le sol jusque sous la clé. Les autres mesures sont indiquées sur la gravure.

# PLANCHE 32.

### *Porte rustique.*

J'ai nommé cette porte *rustique*, parce que les paremens des pierres sont composés de bossages. L'appareil en est combiné de telle sorte qu'elles peuvent s'entre-soutenir d'elles-mêmes, sans qu'il soit besoin de mortier pour les lier ensemble, quelque dimension que l'on adopte pour sa construction.

### REMARQUE.

Vignole ne dit point à quel édifice cette porte était destinée. Est-ce simplement une composition isolée? ou était-ce l'entrée de quelque maison rustique? L'entablement toscan (1) qui la couronne ne peut la présenter comme formant le soubassement de quelque bâtiment (2). Mais, sans m'arrêter à des conjectures hasardées, je dirai seulement que l'ensemble de cette porte a un caractère simple, qui plaît, que toute la disposition en est régulière, et que l'élève peut en couper le trait avec facilité. Cette sorte d'exercice, toujours profitable, le conduirait à d'autres plus difficiles, parce que l'architecte, qui doit connaître toutes les parties de la construction d'un édifice confié à ses soins et à ses lumières, n'en saurait faire une étude trop approfondie.

# PLANCHE 33.

### *Porte de Saint-Laurent, in Damaso.*

Cette porte est de la composition de Vignole; c'est la seule chose qu'il ait faite pour cet édifice, le reste étant l'œuvre de divers architectes.

### REMARQUE.

Cette porte peut être considérée comme un des modèles dans ce genre pour l'entrée d'un édifice quelconque. Toutes les proportions en sont bien gardées et bien en rapport. Elle est susceptible d'être enrichie par des ornemens sur toutes les moulures et suivant le bâtiment auquel on l'adapterait. On ne peut point s'égarer en suivant un pareil guide; le chambranle est du cinquième de la largeur et le contre-chambranle du dixième. J'ai dit plus haut, en parlant des Ordres, que le chambranle d'une porte ou d'une croisée pouvait être du sixième de sa largeur, ce qui convient en effet pour les croisées et la plupart des portes, surtout dans les intérieurs, où elles demandent plus de légèreté, plus de finesse dans leur ensemble et leurs détails. On peut aussi, à l'exemple de Vignole ( *voyez* PLANCHE 35 ), au lieu de donner à la corniche la hauteur que j'ai indiquée pour l'architrave et la frise, l'augmenter un peu de proportion, suivant qu'on le juge convenable, comme du cinquième ou du sixième, et rarement du quart. Les saillies pour les ensembles particuliers, se rapprochant de l'œil, tendent à

---

(1) Ce profil est bien celui de l'entablement toscan; mais sa proportion, et, en général, celle des moulures, sont différentes, ce qui confirme ce que j'ai dit dans la précédente Remarque, qu'on peut modifier ou augmenter les mêmes profils suivant l'emploi ou la place auxquels on les destine.

(2) Sur le profil, les bossages, comme on le voit, sont sur la même ligne que l'architrave; mais, sur la face, ils sont en saillie. Voyez le profil en grand de l'entablement dans la baie de la porte, où cette saillie est indiquée par des lignes ponctuées. On peut également les arrondir sur leurs bords, ou les couper à onglets.

les rendre lourds. La corniche de la porte Saint-Laurent a de hauteur plus du quart de la frise; mais, ici, c'est la porte d'entrée principale de l'édifice. La baie a environ 7 pieds 6 pouces de largeur. Je n'ai jamais bien compris l'origine des crossettes, espèce d'oreilles, pour ainsi dire, aux angles du chambranle, à la hauteur du linteau. On en voit aux croisées du temple de Minerve Paliade à Athènes (1), ce qui surprend dans une architecture aussi simple. On est moins étonné d'en trouver aux constructions faites du tems de Vignole, où l'on était quelquefois prodigue de petits détails. D'après ce que j'ai dit sur l'ensemble de la porte Saint-Laurent, l'observation que je vais soumettre ici ne saurait passer pour en être la critique. Cette porte est de grande dimension; tout y est grand, les modillons ont près de 9 pouces de largeur, et peuvent, à la place qu'ils occupent, s'accorder avec ceux qui seraient placés dans une corniche de couronnement. Mais il serait inconvenant d'en adapter aux simples croisées; leur petitesse serait un papillotage qu'on reprocherait à l'auteur. Des moulures simples sont tout ce qui convient pour ces sortes d'ajustemens.

## PLANCHE 34.

### *Porte du palais de la Chancellerie.*

Porte de l'entrée principale du palais de la Chancellerie, composée et dessinée pour l'illustre cardinal Farnèse.

#### REMARQUE.

Vignole a fait le dessin de cette porte, comme il le dit lui-même, pour le palais de la Chancellerie; mais elle n'y a pas été exécutée. On doit en avoir quelques regrets, car on ne peut rien imaginer de plus simple et de mieux ordonné. Son ensemble n'offre rien de pénible; tout y paraît placé naturellement. C'est l'Ordre dorique denticulaire, l'un des siens, qui en forme la décoration. La porte a de hauteur deux fois sa largeur, seulement on peut apercevoir que les socles ou dés placés sous les bases de colonnes, n'y ont été adaptés que pour gagner la hauteur, entre le chambranle du linteau et le soffite des colonnes, et y placer l'inscription. Ces socles sont le seul défaut, qu'il faut toutefois excuser en faveur de l'intention; car Vignole a voulu conserver à l'ouverture de la porte les proportions qu'il a adoptées pour toutes celles de ce genre. Il en résulte même que l'astragale qui règne d'une colonne à l'autre sert de couronnement à son chambranle, ce qui produit un bon effet.

## PLANCHE 35.

### *Porte du salon du palais Farnèse.*

Cette porte a été exécutée sur le dessin de Vignole, et se voit dans l'intérieur du palais Farnèse à Rome.

#### REMARQUE.

Suivant la règle établie par Vignole, cette porte a de hauteur deux fois sa largeur. Le chambranle, la frise et la corniche ont ensemble le quart de la hauteur de l'ouverture de la baie, le contre-chambranle, la moitié de la largeur du chambranle, même en y comprenant par le haut la saillie des crossettes. Ce sont ces mêmes proportions que j'ai suivies et indiquées dans le *Vignole des Ouvriers*, celles de l'ensemble de leur couronnement exceptées; car je lui ai donné, pour les trois parties dont il est formé,

---

(1) *Parallèle des Ordres d'architecture*, voyez planche 60, la même pour celle de la porte d'entrée du *Panthéon*, à Rome et planche 58, pour les détails de la même porte.

les mêmes dimensions en hauteur, afin d'établir, par ce moyen, une règle plus générale, sans m'écarter en principe de mon modèle. On pourra consulter l'un et l'autre, et voir la remarque sur la porte Saint-Laurent, PLANCHE 33.

*Note.* Par ces cinq dernières planches doit se terminer la traduction, leur composition tenant par plusieurs rapports aux cinq Ordres d'architecture. Ce que Vignole ajoute à son ouvrage, comme son église du nom de Jésus, le Caprarole, etc., ne tendrait qu'à augmenter le volume, sans servir à l'instruction, la plupart des détails qui en font partie ne pouvant être adaptés au genre d'architecture reçu aujourd'hui; et ce qui pourrait y convenir, et dont il n'a donné aucuns dessins, formerait un ouvrage particulier, ce que d'habiles architectes ont entrepris.

# PLANCHE 36.

### *Chapiteaux de Pilastre ionique et corinthien.* (1).

PILASTRE CORINTHIEN. — Premièrement, c'est après avoir consulté ceux du Panthéon à Rome (2), et m'être conformé aux proportions données par Vignole à celui de sa colonne, que j'ai établi ce chapiteau de pilastre corinthien. Le tailloir a la même saillie diagonale, et, par une ligne descendue de ce même point sur la saillie de l'astragale, se règle celle des feuilles et des volutes sous ses angles. La lèvre du vase va en diminuant sur les côtés, pour en dégager les grandes volutes. La saillie des volutes sous ce même angle donne celle de la feuille sous la même ligne. Les cannelures sont au nombre de sept; une d'elles correspond à l'axe des petites feuilles, et l'angle du pilastre, dont le champ deviendrait trop grand par cette division, est orné d'une baguette dans toute la hauteur du nu du pilastre.

Secondement, si, comme il arrive quelquefois, on était obligé de diminuer par le haut le fût du pilastre A sur celui de la colonne derrière laquelle il serait placé, pour la régularité du soffite, alors la disposition des feuilles changerait de place B; elles se rétrécissent; toutes les saillies, dans la proportion donnée par la ligne tracée de l'extrémité diagonale du tailloir C sur l'astragale D, rentrent également; mais l'ensemble, pour la hauteur, reste toujours le même.

Troisièmement enfin, si, pour décorer de pilastres une façade, comme celle du Louvre du côté de la rivière, on trouvait que le tailloir ne soit point assez saillant suivant le premier dessin, on pourrait alors lui donner la même saillie apparente que celle du tailloir de la colonne, depuis la face de l'architrave E jusqu'à l'extrémité de la diagonale F, y rapporter de même toutes les saillies des feuilles et des volutes sur la ligne G H, pour lui donner plus de développement, puisqu'on n'est point ici contraint par la nécessité d'un même ensemble avec celui d'une colonne dont il serait indépendant.

PILASTRE IONIQUE. — Les volutes ioniques se placent au dehors du nu du pilastre, de la même manière que celles pour les colonnes; elles en conservent les proportions, ainsi que les moulures, dans leur hauteur : la différence réside dans le filet, la baguette et le

(1) J'ai cru devoir ajouter cette planche, comme un complément utile pour l'étude de l'ornement de ces deux Ordres.

(2) *Voyez* le *Nouveau Parallèle des Ordres d'architecture*, planches 38 et 39.

quart de rond. Ce dernier, si l'on suivait la saillie qu'il a sur le fût de la colonne, serait de 7 parties; je l'ai réglé à 6, pour que la courbe qu'il faut lui donner soit plus douce et tranche moins avec les lignes droites, sur lesquelles elle vient aboutir. Mais on peut l'établir de 7 parties, en observant que les extrémités arrivent au même point, c'est-à-dire sur la ligne supérieure du quart de rond A, à la rencontre de la perpendiculaire à l'axe de la révolution à cette hauteur. B. Les cannelures ont la même largeur que celles du bas du fût de la colonne, et l'angle du pilastre peut être terminé ainsi que je l'ai indiqué; comme on peut aussi, en tenant ces mêmes cannelures plus larges, faire en sorte que la cote qui se trouverait sur l'angle soit égale aux autres cotes. Il faut observer aussi que le canal coté à 2 parties de profondeur dans sa partie horizontale sur le quart de rond (1), doit prendre moins de profondeur à mesure que la spirale de la volute arrive vers l'œil. Cet œil doit être orné d'une rosette (2).

(1) Voyez la coupe, même planche.
(2) Voyez planche 17.

# AUX JEUNES ÉLÈVES.

La tâche que je m'étais imposée est remplie avec l'exactitude et les moyens qui étaient en mon pouvoir. Ce Traité sera, je l'espère, pour les architectes et pour les praticiens, comme une sorte de *memento* qui leur rappellera certaines proportions pour ainsi dire consacrées, et dont on s'écarte peu. Mais les jeunes élèves ont besoin d'une instruction plus étendue, et dont celle enseignée dans cet Ouvrage n'est que le prélude; je dois leur indiquer maintenant les sources auxquelles ils pourront la puiser. D'abord, quand ils ont pu connaître ici, d'après Vignole, les proportions relatives des Ordres de colonnes avec leur entablement, l'espacement des entre-colonnes simples, de ceux avec des arcades sans piédestaux, de ceux avec piédestaux, etc., c'est alors qu'ils doivent étudier les auteurs les plus renommés parmi les anciens et les modernes, tels que VITRUVE, PIROLIGORIO, PALLADIO, SERLIO, SCAMOZZI; ces derniers présentent dans leurs œuvres des plans faits pour servir de modèles, et être étudiés avec fruit. Ensuite, LE BRAMANTE, MICHEL-ANGE, SANSOVINO, RUSCONI, LÉON ALBERTI, et plusieurs autres architectes italiens; les Français, tels que BULANT, DESBROSSES, Libéral BRUANT, Pierre LESCOT, LE MERCIER, LE VEAU, LE PAUTRE, Jean MAROT, DUCERCEAU, Philibert DELORME, LE MUET, offrent aussi dans leurs ouvrages des compositions, des plans de maisons et d'édifices construits de leur tems, et dont plusieurs existent encore, qu'il est utile également d'étudier. On doit recommander encore aux élèves la traduction de *Pline* et le *Dictionnaire* de FÉLIBIEN, l'œuvre de PERRAULT et sa traduction de *Vitruve*, et plusieurs autres ouvrages, souvent de pure invention, sans but déterminé, mais qui n'en sont pas moins bons à consulter, parce qu'à travers les écarts du génie, un esprit judicieux découvre toujours quelque chose dont il peut tirer parti. L'œuvre de PIRANESI offre de même une foule de plans qui, bien qu'ils tiennent un peu aux rêves de l'imagination, présentent pour la plupart, comme exercices, des combinaisons heureuses, toutes puisées dans l'antique. Mais, plus récemment, ont paru plusieurs ouvrages qui suffiraient seuls pour l'étude des élèves, puisqu'ils présentent ce qu'il y a de plus parfait en architecture. De ce nombre sont les *Palais et Maisons de Rome et les Villa*, par MM. PERCIER et FONTAINE; leur complément, pour ainsi dire, par M. CLOCHART; l'*Architecture de J.-B. de Vignole*, contenant les maisons, les palais et les églises bâtis sur ses dessins, par MM. DEBRET et LEBAS; les *Edifices de la Toscane*, par MM. FAMIN et GRANDJEAN; les *Palais et Maisons de Gênes*, par M. GAUTHIER; le *Palais Massimi*, par MM. SUYS et HAUDEBOURG; le *Parallèle* de M. DURAND, mine inépuisable et bien classée, pour connaître les rapports de proportion, entre eux, de tous les édifices anciens et modernes; ses

*Leçons d'architecture*, etc., et d'autres ouvrages encore sous presse (1), et qui sont tous faits pour inspirer les élèves, développer leur génie et former leur goût : la figure, l'ornement et les autres accessoires, tout y est traité avec soin et exactitude. S'il se trouvait encore, malgré toutes ces ressources, des artistes médiocres, c'est qu'ils ne seraient point nés pour leur art (2). Les sujets des grands prix remportés par les élèves de l'Ecole spéciale d'architecture, et ceux pour lesquels des médailles ont été décernées, recueillis d'abord par MM. PRIEUR et DESTOURNELLE, ensuite par MM. VAUDOYER et BALTARD, sont encore une source féconde pour ceux qui veulent suivre cette Ecole (3). Mais, après avoir cité une partie des ouvrages les plus utiles aux élèves dans l'étude de l'Architecture, je puis dire aussi qu'ils doivent en user modérément (4), avec sagacité et discernement, et ne jamais perdre de vue les convenances, les lieux et les localités. Ce qui me reste à dire s'y rattachant essentiellement, je les prie d'y apporter la plus grande attention : c'est de la décoration des bâtimens et de leur ensemble que je veux parler.

---

# DE QUELQUES PRÉCEPTES

## POUR LA DÉCORATION DES BATIMENS

### ET DES EDIFICES. (5)

L'Architecture est, par excellence, l'art des belles proportions ; cependant ses proportions doivent varier selon l'usage ou la position des bâtimens, de même que selon leur forme, leur richesse ou leur simplicité. Le mérite de l'architecte est donc d'arrêter si bien ces proportions, qu'en examinant un bâtiment quelconque, on ne le désire ni plus grand ni plus petit, et que l'œil le plus exercé, comme le moins habile, en soit satisfait.

Les ouvrages auxquels les connaisseurs et le public, qui souvent est bon juge, donnent le suffrage le plus constant, sont ceux où l'unité, la simplicité et le cadre bien rempli

(1) Par M. Letarouilly, MM. Hittorf et Zante, MM. Lesueur et Calais. *Choix d'édifices construits en France*, publié par MM. Gourlier, Biet, Guillot et Tardieu, architectes. Pour les statues et les bas-reliefs, le *Musée de sculpture antique et moderne*, par M. le comte de Clarac.

(2) Il y a quarante ans, il n'existait aucun recueil qui pût être comparé à ceux d'aujourd'hui, et l'on n'avait pour tous modèles, quand on voulait orner ses projets de quelques figures, que les *Antiques* de Perrier, de Pietre-Sancte, et, pour quelques idées d'ornemens, que Pyranese, ou d'autres ouvrages plus modernes et rarement applicables à ce qu'on se proposait. On a tout exploité, tout créé depuis : Voyez les auteurs que je cite.

(3) On peut voir une nomenclature plus détaillée des auteurs anciens et modernes dans l'ouvrage de M. Coussin, ayant pour titre : *Du Génie de l'Architecture.*

(4) J'entends ici par le mot *modérément* et ce qui suit, que, chaque pays ayant ses usages pour la distribution de ses localités en rapport avec le climat, on pourrait errer en adoptant un plan qui, pour être bien entendu, ne conviendrait nullement dans une autre application.

(5) Quelques-uns de ces préceptes sont extraits d'un ancien ouvrage ; j'y ai rattaché quelques idées que je vais essayer de développer ici.

se font surtout remarquer. Ce sont donc là les règles qu'il faut observer dans les compositions d'ensemble pour l'Architecture.

Un bâtiment a de l'unité lorsque toutes ses parties se correspondent, et qu'elles forment un tel ensemble que rien ne paraisse y avoir été ajouté ou rapporté. Le Louvre, par exemple, n'a point cette unité désirable pour son ensemble : les quatre faces sont différentes ; l'intérieur de la cour est aussi sans unité. Le seul côté primitif est préférable aux trois autres, qui ôtent à la cour la grandeur que le premier promettait.

Les bâtimens d'une grande étendue sont les plus difficiles à bien ordonner, si la hauteur en est bornée au point qu'on ne puisse balancer l'une par l'autre, pour mettre le tout en harmonie. Quand l'œil ne peut saisir tout l'ensemble, c'est alors qu'il faut une grande précision dans la disposition des avant-corps, auxquels on doit avoir recours pour éviter la confusion et l'indécision. C'est ici que les Ordres d'architecture doivent imprimer le caractère convenable, suivant la destination de l'édifice que vous élevez, qu'il soit simple ou richement décoré.

La simplicité consiste dans une distribution raisonnée, où tous les ornemens sont placés à propos, sans confusion ni complication. Il ne faut jamais craindre d'être trop simple ; la simplicité même porte avec elle une sorte de richesse, quand elle n'est pas restreinte par l'épargne, et qu'on ne peut pas dire : Cela n'est pas seulement simple, mais cela est nu.

L'aspect léger, sans maigreur, convient aux maisons de plaisance : dans les villes, les hôtels demandent un caractère plus mâle, plus grave. Bannissez surtout de vos compositions ce mélange de divers caractères ; que le grec, le romain, le toscan, etc., ne se trouvent point mêlés ensemble : rien ne décèle davantage un goût déréglé, l'absence des principes et du vrai talent, ou le désir de briller par des nouveautés souvent déplacées. Souvenez-vous que l'unité est une des bases obligées pour la décoration en Architecture.

Evitez, dans la décoration, ces bossages outrés, architecture ébauchée : ce qui existe dans ce genre est fait pour en démontrer l'absurdité, et non pas pour être imité. Mais, employez des refends simples ou arrondis sur les bords, ou bien coupés sur les angles à 45 degrés, ce qui produit une ombre douce et une lumière vive en opposition sur les bords qui les séparent ; qu'ils soient placés à propos et comme ornemens ; que votre bâtiment n'en soit ni composé ni chargé. Ils sont inadmissibles pour un bâtiment décoré d'un Ordre d'architecture, si le style ne peut en être suivi, comme on le voit au palais du Luxembourg à Paris. Les bossages prononcés ou saillans conviennent pour les grottes ou quelques soubassemens analogues.

Que les ornemens dont vous voulez décorer votre bâtiment l'accompagnent, mais ne l'en chargez point : ne vous élevez pas à une trop grande richesse, et gardez-vous de tomber dans le défaut opposé. Quoique la simplicité, comme nous l'avons déjà dit, soit plus dans l'esprit de l'Architecture, cependant elle est triste et froide si l'ornement ne vient à son secours ; il faut avoir l'attention de le placer entre des parties lisses, pour le faire briller davantage, ou, pour mieux dire, que toujours le repos succède à la richesse.

Avec l'intention de vouloir caractériser votre bâtiment, évitez les détails qui pourraient paraître lourds, les entrées surbaissées, et les ouvertures sans proportion entre elles. Il est des bâtimens qui demandent un caractère particulier, tels que les prisons, les magasins, les arsenaux, etc.; que le caractère qui leur est propre se voie dans leur disposition même; pour les uns, des ouvertures rares, tirant plutôt leur jour nécessaire de l'intérieur; pour les autres, une disposition grande pour la libre circulation, etc.

Tel projet a séduit tracé sur le papier, qui, exécuté, ne répond pas toujours à ce qu'on en attendait; il faut être praticien, avoir déjà fait exécuter, pour le faire avec plus de justesse. C'est ici surtout qu'il faut avoir observé ce qui a été fait et bien fait, le mettre en rapport avec ce qu'on doit faire, bien saisir la distance d'où votre bâtiment doit être le plus favorablement aperçu, pour vous conduire avec sûreté dans vos opérations. Vous avez pour moyen secondaire la perspective : l'espace nécessaire pour bien juger de l'aspect d'un bâtiment quelconque est d'une fois et demie à deux fois sa hauteur.

Ce qui fait aimer le style de l'architecture italienne, ce sont les grands portiques, les grandes ouvertures que l'on rencontre dans presque tous les bâtimens un peu importans, ce que le climat permet; les enfoncemens, les enfilades, les aspects, y sont variés sans cesse, soit par la position du spectateur, soit par les différentes projections de lumière. Mais, à Paris, on ne peut user que modérément de ce genre de beauté : les seuls mouvemens qu'on puisse se permettre pour produire quelques saillies consistent dans les avant-corps; peu de portiques, si ce n'est pour les édifices publics : le génie est trop restreint par les localités. C'est donc par l'ensemble, par les belles proportions de chaque partie qu'il faut chercher à obtenir l'assentiment général, ce qui n'est pas toujours facile.

On emploie rarement les Ordres d'architecture pour la décoration des maisons particulières; on en voit cependant à Paris, mais en petites dimensions. Les colonnes ne dépassent pas la hauteur du plancher du premier étage. Cependant un portique dont les colonnes auraient de 20 à 24 pieds de hauteur fournirait à l'architecte l'occasion de montrer son talent. Les Ordres, employés en grande proportion, sont réservés pour les palais, les temples (1), ou pour tous autres monumens publics, comme on peut le voir au palais de la Bourse, à celui de la Chambre des députés, et pour quelques autres édifices où ils sont exécutés avec plus ou moins de succès. J'ai dit ailleurs que je n'étais pas partisan des colonnes engagées, et encore moins des colonnes en équilibre ou cumulées les unes sur les autres; mais on peut enchevêtrer un Ordre dans un autre, pourvu qu'il y en ait un qui domine, comme on le voit à l'Ecole de médecine (2).

Quand vous disposerez des ouvertures, comme des portes, des croisées ou des arcades, qu'elles soient toujours en nombre impair, que les espaces en soient égaux, que votre distribution intérieure s'y raccorde par des écoinçons réguliers. Cette symétrie est de rigueur dans les bâtimens de quelque importance.

---

(1) La forme des temples anciens * existe toujours pour nous, quoique les usages auxquels ils étaient consacrés ne soient plus les mêmes aujourd'hui. Ces monumens nous laissent de grands souvenirs, nobles interprètes de la savante antiquité : sachez en faire l'application à ceux que vous pourriez élever. Tout est grand et noble chez les anciens quand il s'agit des dieux, de la souveraineté et du peuple.

(2) Dans les remarques du cours de cet ouvrage, j'ai pris, le plus qu'il m'a été possible, les exemples dans Paris, afin d'offrir tout de suite, par des objets de comparaison, les modèles à suivre ou les défauts à éviter.

* En 1686, pendant le siége d'Athènes par les Vénitiens, une bombe éclata dans le Parthénon, qui servait alors de magasin à poudre aux Turcs, et le réduisit dans l'état où on le voit aujourd'hui.

La symétrie étant la base de l'architecture, tout ce qui s'y rapporte, ou tend à l'orner, doit être symétriquement ajusté, et d'une manière appropriée aux endroits que vous voulez décorer, soit par compartimens, soit isolément. Les statues même, par leur attitude, doivent tenir de l'Architecture par leurs lignes principales et par leur aplomb. Une figure placée dans une niche, ou sur un piédestal, ne doit pas déborder la première ni excéder le second. C'est ainsi que tout ce qui doit contribuer à orner un édifice, doit être senti et exécuté, soit à l'extérieur, soit à l'intérieur. C'est un manque d'ordre et de goût que de faire déborder les figures et les ornemens du cadre ou de la place qui leur est destinée, que de jeter, par exemple, sur un mur telles figures ou ornemens que ce soit, comme on pourrait le faire d'une draperie dans un appartement.

La plupart des bâtimens que l'on construit aujourd'hui, presque tous élevés par spéculation, ne présentent que peu de solidité; la pierre y est rare; le moellon, le bois et le plâtre en font toute la consistance, et, pour peu que ce dernier soit d'une mauvaise qualité, comme les moulures se font par son secours, quand on les traite avec trop de délicatesse, elles durent très-peu de tems. Il faut donc les employer modérément, et présenter des masses de profils sans lourdeur, faire preuve de goût dans leur ajustement pour former un ensemble raisonné, durable, et qui puisse être approuvé.

On a bien essayé quelques innovations, comme l'emploi du Dorique grec à la hauteur de tous les étages; ce genre de décoration a été de mode; quelques maisons, même assez importantes, nous en montrent l'abus. Mais cet Ordre, si grand, si beau, tronqué, réduit en petites portions, n'a produit que de petits ajustemens, en prenant quelquefois la place des chambranles des portes et des croisées. On commence à abandonner ce genre de décoration tout idéal, sans proportions précises, souvent mesquin et toujours plat, pour revenir aux choses de goût, de principe et de raison; car il est impossible, de quelque façon que l'on s'y prenne, qu'une maison ne ressemble pas à une autre maison, un temple à un temple, de même qu'un porche, un entre-colonne, à un autre entre-colonne du même Ordre. Mais le bien consiste dans le bon goût des ajustemens, dans leurs belles proportions respectives. A cela seul, on reconnaît la main habile, l'œil exercé, l'architecte enfin. La mode n'a aucun empire sur ce qui est bien conçu et bien ordonné : on peut copier, mais non déguiser, et l'on reste médiocre à force d'imiter (1); l'empreinte du génie demeure toujours. Les monumens grecs et romains ont traversé les siècles; ils seraient encore dans leur entier, sans la main de l'homme envieux ou ignorant. Ce qui nous en reste est toujours admirable, parce que le beau, le bien est là, et l'était en principe.

Voilà à peu près ce que l'on peut dire sur la décoration extérieure des bâtimens, cette seule partie étant susceptible d'observations et de remarques. Celle des cours y étant presque subordonnée, mais simplifiée, le style adopté pour la première conduit à celui convenable pour la seconde.

---

(1) Les différentes Ecoles d'Architecture ont cet inconvénient, que, outre le goût de leurs maîtres, que les élèves cherchent à saisir, jaloux de se surpasser, ils imitent encore, sans s'en apercevoir, les élèves de l'école rivale qui leur paraissent obtenir le plus de succès, sans penser que cela nuit à leur avancement. De là, cette foule de coloristes ou d'enlumineurs, qui sacrifient pour un vain effet l'étude des formes et la pureté du trait, qui sont une des conditions du dessin de l'Architecture.

# APERÇU

# SUR LA COMPOSITION DES PLANS.

Il serait difficile d'enseigner comment on doit distribuer le plan d'une maison ou d'un édifice, si ce n'est par quelques règles générales. Par exemple, si l'on doit arriver par un vestibule, une galerie, ou une pièce d'entrée quelconque; si la maison ou l'édifice a plusieurs étages, il ne faut point laisser deviner l'escalier qui doit y conduire; il doit se présenter à la vue dès en entrant, et il faut qu'à chaque étage la distribution soit si bien ménagée, si bien entendue, que du palier on puisse communiquer avec la même facilité dans chaque pièce principale ou particulière à chaque logement, si c'est une maison d'habitation, ou à toutes autres pièces dans un lieu public; mais comme un plan de distribution, quel qu'il soit, ne peut être indiqué, puisqu'il ne peut se composer au hasard; que tout édifice, monument, palais, hôtel, maison simple ou importante, a une destination, il est bon de commencer par en bien connaître tous les besoins, les rapports généraux et particuliers aux localités, la situation même, qui n'est pas moins essentielle, soit pour profiter des points de vue pris à l'intérieur, soit pour l'aspect au dehors. On doit donc en faire le programme raisonné pour composer son plan, si l'on veut obtenir quelques succès.

Les décorations intérieures étant toutes de goût (1), il suffira de savoir que les pièces doivent être régulières et les écoinçons égaux, ce qui donne beaucoup de facilité pour la décoration. On doit éviter avec soin la gêne que la négligence ou le défaut d'étude fait rencontrer dans la plupart des appartemens, où il est souvent difficile de placer à propos un meuble, un lit ou tout autre objet nécessaire, faute, par l'architecte, de s'en être rendu compte. J'entends parler ici d'un certain ordre d'appartemens; car les petites localités offrent des difficultés que tous les soins possibles ne surmontent pas toujours.

(1) Voyez le *Recueil de Décorations intérieures*, par MM. Percier et Fontaine; et, pour quelques ensembles d'ornemens, notre *Guide de l'Ornemaniste*.


FIN DES CINQ ORDRES D'ARCHITECTURE.